學測物理必考的10大主題

學測物理懂了沒？

學校老師沒教的解題祕訣

最頂尖的物理老師

傾囊相授！

推薦人：

國立嘉義大學　王進發教授

陳立教育集團　倪秀珍執行長

大集美教育事業　王照君主任

補教名師　陳大為老師

作者：蘇　仕
　　　王　賢
　　　程　明

自　序

　　高中基礎物理在傳達國中延伸的內容及更深入的專業知識，同時也強調日常生活中所運用的科學方法及技能，更要學會利用科學態度解決問題。

　　高中生在學習過程，常會碰到無法釐清的盲點或概念，本書更能引領學生循序漸進的突破困境。

　　本書內容歸納出幾點重要特色：

　　1.重點提醒：內容解說以課本觀念為主，經作者詳細整理出最重點內容，講解精闢、適合學生自修研讀。

　　2.經典範例：羅列歷屆學測試題，針對解題關鍵詳加分析，俾使學生能舉一反三，學習無障礙。

　　3.類題：利用相同觀念，解決各種不同的題型，使學生面對學測不再恐懼。

　　本書所列舉的十大主題，即使學測命題如何千變萬化，只要能詳讀內容，必能掌握學測重點。

蘇仕　謹識

目　錄

主題一　緒　論

主題一　緒　論

學測物理必考的10大主題

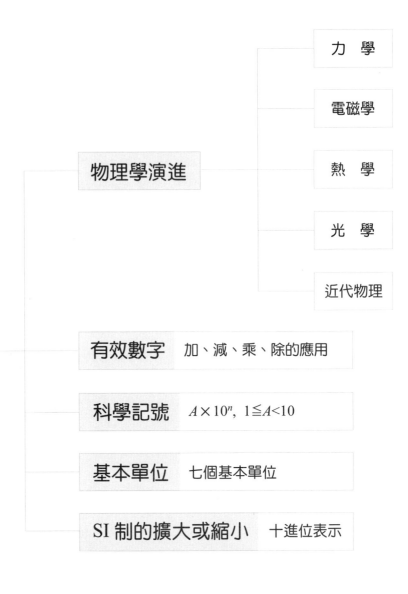

力　學

電磁學

熱　學

光　學

近代物理

物理學演進

緒　論

有效數字　加、減、乘、除的應用

科學記號　$A \times 10^n,\ 1 \leqq A < 10$

基本單位　七個基本單位

SI 制的擴大或縮小　十進位表示

重點提醒

一、物理學的演進

1. 哥白尼提出日心說，認為太陽為宇宙中心，其他行星包括地球其實是以圓形軌道環繞著太陽。

2. 伽利略的主要貢獻

    (1) 自製望遠鏡觀察到環繞木星而轉的衛星，讓他確定托勒密的地心說是失敗的。

    (2) 提出慣性定律，推翻了亞里斯多德的運動理論。

    (3) 發現單擺具有等時性。

3. 克卜勒分析第谷的天文觀測數據，提出了三大行星運動定律。

4. 牛頓以高明的數學技巧，將克卜勒行星運動定律歸納進平方反比引力理論。

5. 電與磁的現象

    (1) 庫侖提出的靜電荷間及靜磁間作用力的定律。

    (2) 伏打發明電池。

    (3) 厄斯特發現在載流導線附近的磁針會偏轉。

    (4) 安培發現載電流的長直導線與其所產生磁場的關係。

    (5) 歐姆發現電壓、電流及電阻之間所滿足的定律。

    (6) 法拉第發現變動的磁場會產生電場的電磁感應定律。

    (7) 馬克士威綜合庫侖定律、安培定律、法拉第定律、磁力線封閉的性質，提出馬克士威方程式。

6. 熱力學與統計力學

    (1) 焦耳提出熱是能量的一種形式。

    (2) 卡諾首先研究熱機效能。

    (3) 克耳文及克勞修斯提出熱力學第二定律。

    (4) 波茲曼為熱力學建立微觀基礎。

7. 量子論與相對論

    (1) 普朗克為了解決有關熱輻射光譜的理論矛盾，提出能量為一

束一束孤立量的量子論。

⑵愛因斯坦於 1905 年提出的狹義相對論。

⑶波爾提出氫原子模型以解釋氫原子光譜。

⑷海森堡、薛丁格、狄拉克等人發現量子力學。

 ### 科學家小傳──伽利略

　　在義大利比薩出生的伽利略，十七歲時在比薩大學唸醫學。在那個時期，看到吊在教堂圓型天花板的燈的擺動，發現了鐘擺周期的一定。

　　後來覺得數學很美而入迷，放棄留學。因為這樣，才在物理學及天文學方面留下了前人未曾有的偉大業績。在物理學貢獻是關於「落體的法則」，至於盛傳於後世，從比薩斜塔使重輕兩種物體掉下，證明物體掉落的速度與重量無關這個故事無法考究，他在 1604 年左右發現了「物體的掉落距離和時間的平方成正比」及「掉落速度必須與時間成正比」這兩件事是千真萬確的。

　　伽利略是頭一個用望遠鏡去觀測天空的人。聽聞有一個荷蘭人製造了望遠鏡，馬上想出了其原理，自己動手，也造了一個。他用自造的望遠鏡看到了月球及木星的四個衛星這意義非常大。那些衛星在木星周圍公轉的情形不就是地球在太陽周圍，月球在地球周圍公轉的情形嗎？由於這些觀測，伽利略對地動說的信心更加堅固起來。

　　可是地動說違反當時的教會教義。1616 年，經過宗教審判，教會發出了地動說的禁令。雖然被警告，伽利略還是期望教皇換人，出版了「天文對話」。用的是人人看得懂的義大利文。因此，「天文對話」被判為禁書，而伽利略本人被拉去接受宗教審判。在法庭，他不得不悔改認錯以換取無罪的判決。當他要步出法院時，據說，他禁不住小聲說，「不管怎麼說，地球還是在轉呀」。死刑可免，活刑難逃，他被軟禁於佛羅倫斯的郊外。在那裡，他又寫了「新科學對話」。這本書記載以圓周運動為基礎的「慣性的法則」及「運動合成的法則」等力學的基礎。這些法則的基本形式後來由惠更斯研究發展。

範 例

愛因斯坦在 26 歲時發表了三篇對現代物理產生深遠影響的論文。2005 年適逢論文發表 100 週年，聯合國特訂定 2005 年為世界物理年，以感懷愛因斯坦的創見及其對二十一世紀人類生活的影響，並在愛因斯坦逝世紀念日（4 月 18 日）當天發起物理年點燈活動，以紀念他的貢獻。下列哪些是愛因斯坦的重要貢獻？（應選 2 項）　(A)發現光的直進　(B)發現光的色散現象　(C)證明光是電磁波　(D)提出光子說解釋了光電效應　(E)提出了質能互換（$E = mc^2$）　　　　　　　　　　　【出處：99 學測】

【解答】DE

【分析】(B)牛頓　(C)馬克士威

題型切入觀點

　　牛頓貢獻：光的直進、萬有引力、三大運動定律、色散現象、發明微積分、巨著是自然哲學的數學原理。

　　愛因斯坦貢獻：光電效應、相對運動、布朗運動、質能互換。

　　馬克士威：電磁學的集大成者，結合庫侖定律、安培定律、法拉第定律、磁力線的封閉，以完美的數學形式表達。

二、有效數字：測量所用的數量，大都有一定的誤差，而能夠表示測量的結果且有意義的數值稱為有效數字，它包含正確值與一位估計值。科學記號與數量級的研究。

三、科學記號：將數字表為 $A \times 10^n$，其中 $1 \leq A < 10$，A 為有效數字，n 為整數。

四、基本單位

物理量	單位	符號
時間	秒	S
長度	公尺	m
質量	公斤	kg
電流	安培	A
溫度	克耳文	K
光度	燭光	cd
物質量	莫耳	mol
平面角	弧度	rad
立體角	立體弧度	sr

1. 1 秒的定義：根據 1967 年國際度量衡會議，我們以銫-133 原子某一固定振動態，振動 9192631770 次所需的時間為 1 秒。

2. 1 公尺的定義：根據 1983 年國際度量衡會議決議，光在真空中於 1/299792458 秒內走的距離為 1 公尺。（1983 年以前，1 公尺是用放在法國巴黎某處一根鉑銥合金棒上所標示的長度來定義的。）

3. 1 公斤的定義：根據 1889 年國際度量衡會議決議，我們以放置於法國塞佛之國際度量衡標準局內由鉑銥合金所製的公斤原器質量為 1 公斤的標準。

4. 1 安培的定義：1 安培係指在真空中，能使兩條相隔 1 公尺、載有同量電流的平行長直導線，兩者間產生 2×10^{-7} 牛頓／公尺

的交互作用力所需的電流量。

5. 1K 的定義：純水在三相點的溫度定為 273.16K。絕對零度為 0K。增減 1K 和攝氏溫標增減 1℃的大小相等。

6. 1 燭光的定義：1 燭光為頻率 5.40×10^{-14} 赫的單色光源在每立體弳內有 $\frac{1}{683}$ 互之發光強度。

7. 1 莫耳的定義：1 莫耳為 0.012 公斤的碳-12 所含的原子數。

8. 質量的測量方式：
   ⑴ 重力質量：利用天平測得的質量。
   ⑵ 等臂天平平衡時因同一地點的 g 值相同，得到物體的質量等於砝碼的質量。必須留意的是，在沒有重力加速度的地方，無法使用天平。
   ⑶ 慣性質量：利用牛頓第二運動定律所獲得的質量。
   ⑷ 作用在物體上的力與物體由此獲得的加速度之比質稱為物體的質量，在一般的條件之下，物體的速度遠比光速來得小很多，故上述的比值是一定值。若物體的速度很接近光速，則須以相對論來修正。

9. 補充長度的測量方式：
   ⑴ 微小距離的測量：游標尺、螺旋測微器。
   ⑵ 一般距離的測量：刻度尺、捲尺。
   ⑶ 長距離的測量：相似三角形法、三角測量法。

如附圖所示，為一水庫與兩座山的鉛直截面示意圖，底部的長方形凹槽代表水庫，而兩側的等腰三角形則代表山。為估計山區豪雨對水庫水位的影響，假設沿垂直於紙面的方向延伸時，水庫與兩山的鉛直截面都不變，因此水庫兩側的山坡可視為傾斜角 θ 為 45° 的平面斜坡。若山區降雨量為 400 公厘，山高 H 為 500 公尺，水庫寬度 W 為 100 公尺，且下降於水庫兩側山坡的雨水全部流入並蓄積於水庫中，則水庫的水位會因而增高多少公尺？　(A)2　(B)4　(C)$4\sqrt{2}$　(D)20　(E)40 【出處：91 學測】

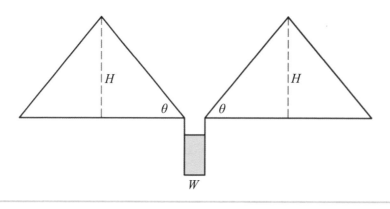

【解答】B

【分析】取山坡長度為 l 公尺，則降於水庫兩側山坡的雨水總體積＝接收雨水的平面面積 × 降雨量 400 公厘 ＝ $\{(500+500) \times l\}m^2 \times (400 \times 10^{-3})m = 400l$ 立方公尺。推得水庫的水位增加高度 ＝ $\dfrac{400l}{100l} = 4$（公尺）

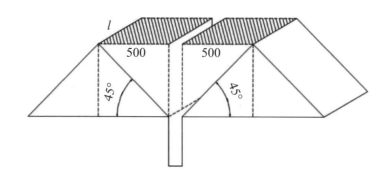

類題

將一個一元小銅板貼在窗戶的玻璃上，用一隻眼睛看它，當它剛好將滿月的月亮完全遮住時，眼睛和銅板的距離約為 220 公分，已知銅板直徑約為 2.0 公分，月球直徑約為 3.6×10^3 公里，則月球與地球的距離約為多少公里？　(A)4.0×10^3　(B)4.0×10^5　(C)4.0×10^7　(D)4.0×10^9　(E)4.0×10^{11}

【出處：91 學測】

【解答】B

【分析】如附圖所示：

利用相似三角形得知

$$\frac{x}{3.6 \times 10^3} = \frac{220}{2.0}$$

$$x = 3.96 \times 10^5 \text{（km）}$$

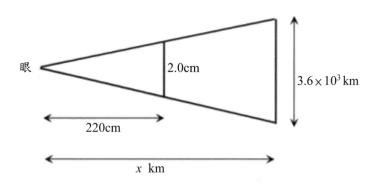

滿月的月亮剛升起的模樣（攝於 2012.09.01 宜蘭豆腐岬）

科學家小傳——愛因斯坦

1879 年愛因斯坦誕生在德國，祖先是猶太人。他小時候不甚了了，根本看不出任何可能成為一個偉大科學家的跡象，過了三歲還不大會講話，可是到了五歲，他一看到羅盤，整個的心神在一剎那間就被羅盤針永遠指同一方向的神奇性質吸引住了。後來，他曾說過當時的感覺是：「在真正事物的背後，必定隱含若干真理。」。

他不斷地學習吸收知識作為日後研究科學之基礎，因此 11 歲前即已精通了大學物理和多種語言，不到 16 歲更精通了深奧的微積分。由於他厭煩機械式的背誦，因此他在瑞士聯邦工學院求學時期，成績並不突出。工學院畢業後在瑞士首都伯恩的專利局找到一分審查員的職位，負責審核專利權的申請。這件工作並不繁重，因此工作之餘，他還有許多時間可利用來發展自己的觀念。因為時間充裕，使他建立狹義相對論的理論架構。

愛因斯坦偉大的發現，包括光速恆定原理、相對論，及因而獲得諾貝爾獎的光學效應研究，同時也導出了一些重要的結論，例如：「從靜止的李四來看，運動速度接近光速張三的手錶似乎走得比較慢，但質量卻增加了。」以及「質量和能量可以互相轉換，在這種情形下，質量和能量的總和是守恆不變。」等等。在當時，這些結論真是匪夷所思，乍看之下令人不敢置信，可是後來由實驗證明，全部都是正確的。舉個例子來說，鈾原子核分裂時，它的一部分質量會轉變成能量，這是原子彈和核反應器的能量來源，同時也顯示出質能守恆定律的正確性。其次，運動物體時間的遲緩亦即壽命的延長，可以經由觀測以接近光速的速度在空氣中運動的介子而加以證實。

1905 年，當時年僅 26 歲的愛因斯坦發表了三篇論文，其中關於質量和能量可以互相轉換、高速運動物體長度的縮小和鐘錶走得慢等論著，革命性的觀念大幅度地修正了古典物理學。

令愛因斯坦一生最感後悔的是個在 1939 年寫了一封信給當時的美國總統羅斯福，這封信促成了曼哈頓計畫的進行，使美國在第二次世界大戰中率先使用了兩枚原子彈，因此戰後他與英國哲學家羅素攜手合作，向世人呼籲禁止核子武器的開發和使用。1955 年，向來不修邊幅、待人和氣的愛因斯坦揮別人間，留下曠古絕今的科學成就，及世人的一片景仰。

主題二　運　動

主題二　運　動

$$v = v_0 + at$$

等加速度運動

$$v^2 = v_0^2 + 2aS$$

$$S = v_0 t + \frac{1}{2}at^2$$

物體的運動

切線加速度為零

等速率圓周運動

$$a_c = a_n = \frac{v^2}{r}$$

等速率、變速度、變加速度

第一定律：軌道定律

克卜勒行星運動定律

第二定律：等面積定律

第三定律：週期定律

學測物理必考的10大主題

一、等加速度運動公式

$$\bar{a} = \frac{v - v_0}{t - 0} \Rightarrow \bar{a}t = v - v_0 \Rightarrow v = v_0 + \bar{a}t \cdots\cdots(A)$$

$$\bar{v} = \frac{x - x_x}{t - 0} \xrightarrow[x - x_0 = S]{} \bar{v} = \frac{S}{t} \cdots\cdots(B)$$

$$\bar{v} = \frac{1}{2}(v_0 + v) \xrightarrow[(A)v代入]{} \bar{v} = v_0 + \frac{1}{2}\bar{a}t \xrightarrow[(B)]{} S = v_0 t + \frac{1}{2}\bar{a}t^2 \cdots\cdots(C)$$

$$\bar{v} = \frac{1}{2}(v_0 + v) \xrightarrow[(B)]{} S = \frac{1}{2}(v_0 + v)t \cdots\cdots(D)$$

$$\bar{a} = \frac{v - v_0}{t - 0} \Rightarrow t = \frac{v - v_0}{\bar{a}} \xrightarrow[(C)]{} v^2 = v_0^2 + 2\bar{a}S \cdots\cdots(E)$$

$$\bar{v} = \frac{1}{2}(v_0 + v) \xrightarrow[(A)v_0代入]{} \bar{v} = v - \frac{1}{2}\bar{a}t \xrightarrow[(B)]{} S = vt - \frac{1}{2}\bar{a}t^2 \cdots\cdots(F)$$

根據公式推演，$\bar{a}$ 為平均加速度，故這些公式僅能用在等加速度運動。

方程式編號	方程式	缺項
(A)	$v = v_0 + \bar{a}t$	S（位移）
(C)	$S = v_0 t + \frac{1}{2}\bar{a}t^2$	v（末速）
(D)	$S = \frac{1}{2}(v_0 + v)t$	a（加速度）
(E)	$v^2 = v_0^2 + 2\bar{a}S$	t（時間）
(F)	$S = vt - \frac{1}{2}\bar{a}t^2$	v_0（初速）

動物跳躍時會將腿部彎曲然後伸直加速跳起。附表是袋鼠與跳蚤跳躍時的垂直高度。若不計空氣阻力,則袋鼠躍起離地的瞬時速率約是跳蚤的多少倍? (A)1000 (B)25 (C)5 (D)1 【出處:95學測】

	跳躍的垂直高度(公尺)
袋鼠	2.5
跳蚤	0.1

【解答】C

【分析】$V_2{}^2 = V_1{}^2 + 2aS$

最高點時 $V_2 = 0$,且重力加速度向下,起跳速度向上,

故 $0^2 = V_1{}^2 + 2(-g)S$;

得:$V_1 = \sqrt{2gS}$,$S =$ 位移,在此題中位移等於高度

$$\frac{V_{袋}}{V_{蚤}} = \sqrt{\frac{S_{袋}}{S_{蚤}}} = \sqrt{\frac{H_{袋}}{H_{蚤}}} = \sqrt{\frac{25}{0.1}} = 5$$

題型切入觀點

整個運動可視為鉛直上拋運動,要注意對稱性。

古時候的羅盤(攝自於台北市立天文館)

汽車後煞車燈的光源，若採用發光二極體（LED），則通電後亮起的時間，會比採用燈絲的白熾車燈大約快 0.5 秒，故有助於後車駕駛提前作出反應。假設後車以 50km/h 的車速等速前進，則在 0.5 秒的時間內，後車前行的距離大約為多少公尺？ (A)3 (B)7 (C)12 (D)25

【出處：98 學測】

【解答】B

【分析】反應時間內車輛仍持續行駛

因為 50km/h ≒ 14m/s

而在反應時間行駛的距離 $\Delta x = 14 \times 0.5 = 7$（m）。

題型切入觀點

單位換算往往是大家最不熟悉的部分，最容易發生計算錯誤的題目，要特別小心！

利用 LED 燈模仿流星（攝自於台北市立天文館）

二、等速率圓周運動

1. 因為是等速率，代表切線速率為定值，意即切線加速度為零。

2. 因為是等速率且軌跡是圓形，意即法線加速度為定值，

   即 $a_c = a_n = \dfrac{v^2}{r}$。

3. 等速率圓周運動為等速率、變速度、變加速度運動。

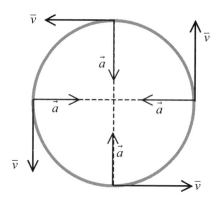

4. 做等速率圓周運動時，會有一個指向圓心的加速度；根據牛頓第二運動定律可知他是由向心力造成的。事實上，向心力不是一個新的力，它的名稱僅是表示力的方向，對任何情況而言：物體藉由向心力改變速度方向，而非改變速率大小。可知向心力的大小：$F = ma = m\dfrac{v^2}{R}$

範例

國際知名的馬戲團來臺公演，節目精彩絕倫，尤其是騎士騎機車高速繞透明圓球的一項表演，更令觀眾緊張得喘不過氣來。一半徑為 R 的空心透明大圓球被固定在水平地面上，騎士以高速 v 在大圓球內繞不同圓周行駛，騎士連同機車的質量為 M，重力加速度 g。假設圓球半徑 R 遠大於機車及騎士身高，騎士連同機車在大圓球內運動時可視為一質點。質量 M 的物體以速率 v 作半徑為 R 的圓周運動時，需有一指向圓心的向心力 $F = Mv^2/R$，當 v 越大，由於物體與圓球貼得越緊，圓球對物體的反作用力 N 也就越大，所以由 N 所提供的向心力 F 也就越大。騎士騎機車高速繞透明圓球作圓周運動時，騎士與機車受有重力 Mg、圓球對機車的反作用力 N 及與運動方向相反的摩擦力。根據上文回答下列問題。

⑴當騎士以高速率 v 繞半徑為 R 的水平面圓周行駛時，下列何種力維持機車不滑下？　(A)動摩擦　(B)靜摩擦力　(C)重力的反作用力　(D)騎士的向上提升力

⑵當騎士以高速率 v 繞半徑為 R 的鉛直面圓周行駛時，在圓周頂點處 v 的量值最小為若干，機車才不會墜落？　(A)Mg/R　(B)$2MgR$　(C)$\sqrt{2Rg}$　(D)$\sqrt{Rg}$　　　　　　　　　　　　　　　　　【出處：96 學測】

【解答】⑴ B；⑵ D

【分析】⑴受力圖如附圖示，騎士受重力向下，高速行駛時，車輪給圓球垂直作用力越大，垂直摩擦力 f_y 也越大〈$f_y \propto N$〉。因為車輪與球面間無滑動，此垂直摩擦力為靜摩擦力；重力與垂直摩擦力抵銷，所以機車不下滑。

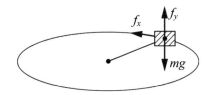

(2)鉛直方向上的圓周運動，在最高點時，受到正向力（N）與重力（mg）向下，此合力即為物體的向心力。

$$F = \frac{mv^2}{R} = N + mg \geq mg \text{（當 } N = 0\text{）}$$

$$\frac{mv^2}{R} \geq mg \rightarrow v \geq \sqrt{Rg}$$

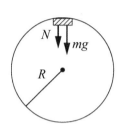

題型切入觀點

　　要知道圓周運動，受力方向與運動方向垂直。而摩擦力的大小與正向力有關。

 科學家名言

　　愛因斯坦曾說：「提出一個問題往往比解決一個問題更重要，因為解決問題也許僅僅是一個教學上或實驗上的技能而已。而提出新的問題、新的可能性，從新的角度去看舊的問題，都需要有創造性的想像力，而且標誌著科學的真正進步。」

福衛三號衛星系統的衛星繞行於距離地面約 800 公里高度的軌道上，假設衛星作等速圓周運動，則下列有關此衛星繞地球運轉的敘述，哪些正確？
(A)重力作為衛星繞地球運轉所需的向心力　(B)衛星的加速度沿其軌道切線方向，並與其切向速度同向　(C)衛星的加速度沿其軌道切線方向，並與其切向速度反向　(D)衛星的加速度方向和衛星與地心之連線方向平行，且為指向地心方向　(E)衛星的加速度方向和衛星與地心之連線方向平行，且為指離地心方向

【出處：99 學測】

【解答】AD

【分析】(A)萬有引力提供向心力。

　　　　(B)圓周運動是向心加速度。

　　　　(C)恆星與物體運動方向（切線方向）垂直。

　　　　(D)萬有引力指向地球且與地球、月球連線平行。

　　　　(E)指向地球而不是指離地球。

科學家小傳──哥白尼

　　由托勒密的天動說轉移成哥白尼的地動說的這件事，可以說是科學史上最大的革命。

　　哥白尼在波爾的特爾尼鎮出生。父親是一位商人，於哥白尼十歲時去世後，哥白尼就由舅父扶養。他的舅父是巴爾米亞的司教，地位很高，所以他度過舒適的少年時代。十八歲時，舅父把他送到克拉克夫大學去唸書。之後，去義大利留學。哥白尼除了主修的法律和醫學之外，也研究天文學。跟著教授觀測天體，偶而也談論托勒密的宇宙體系。

　　留學回國之後，他一直過著孤獨的生活，埋頭研究天文學。在那一段時期，他已一步一步建立了地球及其他行星都在太陽周圍回轉的「地動說」的理論基礎。

　　哥白尼的個性本來就很慎重，所以遲遲不把他的研究結果公諸於世。所有的原稿都放在身邊，改了又改地讓時間一直溜過去。當時的教會由於教義公認托勒密的天動說這一點也使他猶豫不敢發表。後來因校對他的學說有理解的許多朋友說動，他終於下了決心同意發表。不過，他的那本「關於天體的回轉」問世時，他已躺在床上等候死神的來臨。這本書就是後來強有力地影響了伽利略及刻卜勒等人的不朽之書。

三、克卜勒三大行星運動定律

1. 第一定律：行星以橢圓形軌道繞行太陽，太陽位於橢圓焦點之一處。行星距太陽最遠的地方為遠日點（r_{max}），距太陽最近的地方為近日點（r_{min}）。

2. 第二定律：在相同的時間之內，行星與太陽的連線會掃過相同的面積。此定律也稱等面積定律。

   (1) 行星與太陽連線掃過的面積除以所經過的時間稱為面積速率。當 $t_2 - t_1 = t_4 - t_3$ 時，A 的面積＝B 的面積。進一步的說，面積對時間間隔的比值為定值，即在軌道上任一點的面積速率均相同。

   (2) 第二定律可知，距離太陽較遠處掃過的面積與距離太陽較近處掃過的面積相同，表示距離太陽愈遠，行星移動的速率愈慢；距離太陽愈近，行星移動的速率愈快。

   (3) 第三定律：行星環繞太陽週期 T 的平方與橢圓軌道半長軸 a 的立方成正比。半長軸 a，為軌道平均半徑。

 科學家名言

伽利略曾說：「真理就具備這樣的力量，你越是想要攻擊它，你的攻擊就愈加充實和證明了它。」

在星空中呈現火紅顏色的火星，自古以來便捕獲了人類的目光。在近一百多年來，從火星運河、火星人等事件，讓火星成為眾所矚目的焦點，甚至美國好萊塢每隔幾年都會為它拍攝一部相關電影，如《火星任務》、《全面失控》……。

早在太空時代以前，天文學家便已經測量出各大行星繞行太陽的週期，並據此推算各行星與太陽的距離。火星約以 1.88 年繞行太陽一周。在 2003 年 8 月，火星與地球之間的距離成為六萬年來最接近的一次，引起全球科學家與大眾媒體的興趣，民眾也趕赴各天文台觀賞火星。

在 1996 年，科學家宣布一顆在南極冰原所發現的火星隕石上，呈現出古微生物化石的跡象。此一發現再度引起全球對火星的熱潮，美國為此多次發射無人探測太空船，歐洲、日本也隨著發射無人太空船，以進行火星觀測。這些探測活動，也間接為人類如在未來登陸火星而鋪路。美國科幻家克拉克曾在其膾炙人口的小說中，描述人類如何在外太空搭建觀測平台與「太空電梯」，以探測火星。事實上，目前科學家已在設想，如何在火星上建立適合人類居住的環境。火星的表面重力比地球小，比較容易在火星建造觀測平台與太空電梯。隨著科技的進步與發展，人類登陸火星應是指日可待了。

⑴ 2003 年 8 月火星與地球的距離是數萬年來最接近的一次，附圖為其示意圖（未按實際比例描繪），下列哪一選項是主要的原因？　(A)地球與火星同時位於近日點附近　(B)火星位於遠日點附近，地球位於近日點附近　(C)火星位於近日點附近，地球位於遠日點附近　(D)火星位於近日點附近，地球位置沒有影響　(E)地球位於遠日點附近，火星位置沒有影響

⑵火星繞太陽的運轉週期是 1.88 年。依據克卜勒第三定律，試問火星離太陽的距離約是地球離太陽距離的多少倍？　(A)1.52 倍　(B)1.88 倍　(C)2.58 倍　(D)3.76 倍　　　　　　【出處：93 學測】

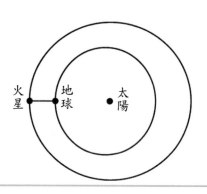

【解答】(1) C；(2) A

【分析】(1)夏季地球位於遠日點，行星軌道為橢圓。太陽位於橢圓的焦點，火星需在近日點，才會與地球較近。

(2)$\dfrac{R_1^3}{1^2} = \dfrac{R_2^3}{(1.88)^2}$

$R_2 = 1.52 \times R_1$

題型切入觀點

行星軌道為橢圓，橢圓有兩個焦點，其中一個是太陽。

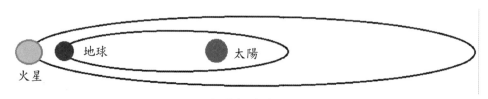

行星軌道圖

我國在 2004 年 5 月發射的福（華）衛二號人造衛星，屬低軌道衛星，每日繞地球運行十多圈，兩次經過臺灣海峽上空。下列有關該衛星在軌道運行的敘述，何者錯誤？　(A)該衛星繞地球轉速比地球自轉快　(B)該衛星利用太陽能繞地球運行，與地心引力無關　(C)由於低軌道運行，該衛星可能受有空氣阻力的作用　(D)運行多年後，該衛星的軌道有可能愈來愈接近地面
【出處：94 學測】

【解答】B

【分析】(A)地球一日一圈，衛星一日十多圈。

　　　　(B)利用萬有引力作為向心力。

　　　　(C)低軌道衛星運行時離地表較近，仍有稀薄大氣。因此衛星運行時會受到空氣阻力影響。

　　　　(D)空氣阻力可使衛星越來越慢，動能減少。繞行半徑漸小，慢慢靠近地面。

題型切入觀點

　　　人造衛星繞地球就像是人造衛星繞著地球作圓周運動，而力量的來源來自於萬有引力。物體作圓周運動所需要的向心力，與物體的迴轉半徑及運動速率有關。當人造衛星能在某個軌道作穩定的周周運動，所需要的向心力恰好等於它受地球作用的重力。

科學家小傳——克卜勒

　　在德國的鄉下小鎮出生的克卜勒，小時候的家境不太好。進入神學校之後，才顯現出不凡的才華。後來到丘賓肯大學去唸神學。二十三歲時應聘前往奧地利的學校教數學及天文學。利用餘暇，試圖利用占星術編造月曆因而逐漸提高知名度。

　　在他心底，他徹底反對占星術所包含的迷信。可是在另方面，又認真思索神所賦予的宇宙的和諧及和諧所帶給人的靈魂及命運的影響。為什麼在太陽周圍回轉的行星是六個?(當時尚未發現天王星、海王星、冥王星)，為什麼行星會在固定的軌道上以一定的周期運行?這些疑問始終在他的腦海裡轉來轉去。

　　受了哥白尼的影響，他相信太陽才是宇宙的中心。他終於得到一個靈感。他想到在六個行星的軌道內面，六個行星之間塞進畢達哥拉斯發現的五個正多面體。正多面體共有五個，剛好行星有六個。他對這個構想覺得很滿意，可是這樣計算的行星間的距離卻與實際無法一致。

　　他為了求知有關行星的正確觀測數值，前往布拉格拜訪當時最偉大的天文學家，狄哥·布拉埃。不久，布拉埃去世，克卜勒就接掌了布拉埃花了二十年時光仔細觀測的所有記錄。單是整理那些資料就夠他忙的了。開始時，他跟別人一樣，賦與火星圓軌道，將太陽放在稍微離開中心的位置計算。計算的結果還是與實際不符。只有八分那麼小的偏差，但是仍然認為不對，再從頭開始計算。經過六年不斷的研究，他發現火星的軌道原來並不是完整的圓，是橢圓。這種橢圓軌道的有關法則，今天我們叫做「克卜勒的第一定律」。他在 1609 年出版的「新天文學」裡說明了這個第一定律。

　　後來他移居奧地利的林茲，為了「和諧的世界」這本書。書中有，「行星公轉的周期的平方與離太陽的平均距離的三次方成正比」這個「克卜勒的第三定律」。據說，他對這個第三法則特別覺得滿意。這些法則後來成為牛頓的運動法則的指引。近代科學的基礎可以說是在他的身上發了芽。

主題三　力

主題三　力

學測物理必考的10大主題

力　學

牛頓三大運動定律

第一運動定律　　慣性定律

第二運動定律　　$F = m \times a$

第三運動定律　　作用力與反作用力

力的種類

超距力　　萬有引力　　$F = G\dfrac{m_1 m_2}{r^2}$　　提供作重力

提供作向心力

接觸力　　摩擦力　　$F = \mu N$　　靜摩擦力

動摩擦力

靜力平衡

力大小相等

力方向相反

作用在同一物體

力學

壓力

基本定義：單位面積承受的垂直作用力

- 固體壓力　$P = \dfrac{F}{A}$
- 液體壓力　$P = h \times d$
- 氣體壓力　$P = h \times d$

氣壓：$1\text{atm} = 76\text{cm-Hg} = 1033.6\text{cm-H}_2\text{O}$

液壓：同一液體、同一水平面、壓力相同

- 連通管原理
- 帕斯卡原理　$\dfrac{F_1}{A_1} = \dfrac{F_2}{A_2}$

科學家小傳——阿基米得

　　地中海的西西里島上，希臘的殖民都市希拉克沙出身的阿基米得是想把理論和實際連結在一起研究數學和技術的頭一位大科學家。

　　希拉克沙王交給一個金匠一塊金子，命他打造一頂王冠。後來國王聽到了金匠加了些銀的謠言。所以為了要證實這個傳言，國王請阿基米得設法在保持王冠的現狀之下查明。即使聰明過人的阿基米得只有望王冠嘆息之份。正在傷透腦筋的他，踏進裝著滿水的浴缸時，天來的靈感突然浮現於腦際。隨著他蹲下多少，水就從浴缸溢出多少，同時也覺得身體變輕。他找到了答案了。大喜之餘，忘掉身上一絲不掛，邊往街上跑出去邊大聲叫，「我發現了，我發現了。」他發現的是水會溢出跟他的身體浸在水中的部份同體積，同時身體會變輕這些事實。就是說，把王冠同重量的金塊，同重量的銀塊個別放進裝滿著水的容器內，量各自溢出來的水量就可以知道王冠是不是純金了。

　　第二次波埃尼戰（西元前218～201）時，他發明了許多新兵器，使來攻的羅馬軍傷透腦筋久攻不下。最後城被攻破時，阿基米得正蹲在地上，畫圖在研究些什麼。當羅馬士兵走過來時，他大聲叫，「不要碰地上的圖」。殺氣騰騰的士兵忘記了指揮官不要殺害阿基米得的命令，又不認識他就是阿基米得，被他大聲一叫，一刀把他殺死。後來殺死他的士兵也被指揮官處死。

一、牛頓三大運動定律

1. 牛頓第一運動定律（慣性定律）：物體保持原來運動狀態之特性。

　⑴慣性大的物體不容易改變其速度，慣性小的物體比較容易改變其速度。

　⑵一個物體的質量所代表的便是其慣性的大小：如果兩個物體受到相同的外力作用相同時間，質量大的物體，其速度的變化比較小，質量小的物體，其速度的變化比較大。

2. 牛頓第二運動定律：物體所受外力的合力不為零時，$F_合 = ma$

　⑴$F_合$ 為作用物體上所有力的總和，m 為物體的質量，a 為物體的加速度。

　⑵單位：F：牛頓（N），m：公斤（kg），a：$\dfrac{m}{s^2}\left(\dfrac{公尺}{秒^2}\right)$。

　⑶牛頓第二運動定律適用範圍

　　① 僅適用於慣性坐標系統，在非慣性坐標系統，須加入假想力來修正。

　　② 僅適用於低速運動的物體，當物體的速度太大時（接近光速），須以相對論來修正。

　　③ 在微觀的系統中，須考慮量子效應，牛頓運動定律則無法解釋。

當高速前進的汽車緊急停下時，利用安全帶與安全氣囊，可以降低車內乘客可能受到的傷害。下列有關這兩種安全配備的敘述，何者正確？
(A)充氣後愈難壓縮的安全氣囊，愈能保障乘客的安全　(B)安全氣囊比安全帶更可以有效的使乘客留在座位上　(C)安全帶須能伸縮，才可使乘客緊急停下的時間增長　(D)安全帶的寬度愈窄，愈能保障乘客的安全

【出處：92學測】

【解答】C

【分析】安全帶與安全氣囊都是為了固定乘客，並降低乘客由運動到停止的時間所受的作用力。

(A)難壓縮且緩衝時間短，衝擊力大，安全性低。

(B)安全帶可固定乘客留在座椅上，安全氣囊則是緩衝撞擊。

(C)安全帶可伸縮，使緩衝時間延長。

(D)安全帶寬度越小，乘客受壓力越大，安全性低。

題型切入觀點

　　理想的安全帶作用過程是：首先，及時收緊，在事故發生的第一時刻毫不猶豫地把人「按」在座椅上。然後，適度放鬆，待衝擊力峰值過去，或人已能受到氣囊的保護時，即適當放鬆安全帶。避免因拉力過大而使人肋骨受傷。最先進的安全帶都帶有預收緊裝置和拉力限制器。

　　安全氣囊的原理是：當車輛發生碰撞時，碰撞傳感器和電腦會判斷出撞擊的力度，並及時向氣囊發出指令。不過氣囊彈出的衝擊力在保護駕乘者安全的同時，也可能造成危險隱患，所以並不是安全氣囊打開就一定安全。而且車速越快，碰撞的時間也就越短，一旦碰撞時間比氣囊的爆發時間還短時，氣囊的作用就非常微小了。

細繩的一端綁著一塊石頭並作等速率圓周運動，當石頭繞至附圖㈠中的 P 點時，剪斷細繩，則附圖㈡中的哪一路徑表示剪斷瞬間石頭的運動路徑？

(A)A　(B)B　(C)C　(D)D

【出處：92 學測】

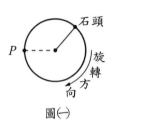

圖㈠

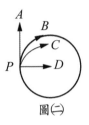

圖㈡

【解答】A

【分析】當物質進行等速率圓周運動，向心力消失的瞬間，物質會沿著切線方向飛出。

 想一想

　　1.雨天時，雨水滴落在傘面上，若此時旋轉雨傘，水滴會怎離開傘面呢？

　　2.奧運會場上，擲鉛餅的選手利用旋轉增加施力，此時要在哪個方向時擲出才能得到高分數？

重點提醒

3. 牛頓第三運動定律：若 A 物體施一作用力給 B 物體，則 B 物體必同時施一反作用力給 A 物體，此兩力大小相等、方向相反、作用在一直線上，且分別施於 A、B 兩物體上，同時產生、同時消失，不可互相抵消。

⑴所有的接觸力都遵守牛頓第三運動定律，超距力中的萬有引力、靜電力亦遵守牛頓第三運動定律。

⑵作用力與反作用力作用在兩個不同物體上，它們不是一對平衡力。

⑶第三運動定律的例子：

① 人走路：人走路時，對地面往下、往後施力，地面對人向上、向前施力，使人向前移動。

② 射擊：當扣板機，撞針擊發子彈，使火藥爆炸，子彈受到前推力射出，同時槍身也受到後推力，往後移動。

③ 物體與地球之間：物體受到地球吸引力，同時地球亦受到物體的吸引力。

 # 科學家小傳──虎克

　　在英國南部出生的虎克，在牛津大學畢業後，去做波以耳的助手。他在機械方面有很高的造詣，製造過改良型真空幫浦。隨著王政復興，牛津的科學家們也移居倫敦，建立了皇家協會。這個協會就是世界最古老的科學協會。當時的工作量沒有報酬的。虎克非常愛好這份工作，認真去做，所以他的實驗始終都成為開會時最叫座的項目。第二年，他終於成為皇家協會的正式會員。

　　他的主要著作，「顯微鏡觀察誌」是一本有關動植礦物的多采多姿記錄。內容也有關於光理論及透明薄膜的色彩研究發現的光的周期性。他被視為「波動說」的提倡者。發表的論文，合訂成「卡特拉議義」其中一個重要的發現，就是「虎克的法則」。研究材料的強度時發現的有關彈性的法則。

　　牛頓以「關於光和色的理論」發表他的「光粒子說」時，虎克馬上依據他的波動說猛烈反對牛頓。他跟牛頓的爭論持續了四年。雖然兩人之間達成了一時的和解，這件事卻帶給牛頓很大的打擊。1677 年，成為皇家協會秘書長的虎克，為了重力的問題再次與牛頓發生衝突。

甲的質量為 50 公斤，乙的質量為 25 公斤，兩人在溜冰場的水平冰面上，開始時都是靜止的。兩人互推後，甲、乙反向直線運動，甲的速率為 0.1 公尺／秒，乙的速率為 0.2 公尺／秒。假設互推的時間為 0.01 秒，忽略摩擦力及空氣阻力，則下列敘述哪一項正確？ (A)甲、乙所受的平均推力均為 500 牛頓，方向相反 (B)甲、乙所受的平均推力均為 250 牛頓，方向相反 (C)甲受的平均推力 500 牛頓，乙受的平均推力 250 牛頓，方向相反 (D)甲受的平均推力 250 牛頓，乙受的平均推力 500 牛頓，方向相反

【出處：97 學測】

【解答】A

【分析】根據牛頓第三運動定律，作用力=反作用力→甲乙所受推力大小相等，方向相反。

$$a_{甲} = \frac{0.1}{0.01} = 10(\text{m/s}^2)$$

$$F = ma = 50 \times 10 = 500(\text{N})$$

$$F_{甲} = F_{乙} = 500(\text{N})$$

題型切入觀點

　　當兩物體相互作用時，彼此作用在物體上的力永遠大小相等，方向相反。因此互推時，事實上兩人身上所受到的力量相等的，並無誰受到力大或誰受到力小。順帶一提，打人時也是如此，你用拳頭打別人的力量，會有反作用力施在拳頭上。

類題

附圖中，甲與乙兩物體在等臂天平兩端，天平保持平衡靜止，其中 $W_甲$ 與 $W_乙$ 分別代表甲與乙所受的重力，$N_甲$ 與 $N_乙$ 分別為天平對甲與乙的向上拉力，若 $G_甲$ 與 $G_乙$ 分別代表甲與乙對地球的萬有引力，則下列選項中哪一對力互為作用力與反作用力？　(A)$W_甲$ 與 $W_乙$　(B)$N_甲$ 與 $W_甲$　(C)$N_甲$ 與 $N_乙$　(D)$G_甲$ 與 $W_甲$　　　　　　　　　　【出處：95 學測】

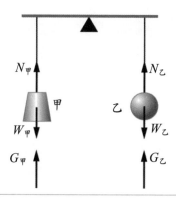

【解答】D

【分析】根據牛頓第三運動定律，作用力與反作用力，大小相等、方向相反，作用在不同物體上。

　　　針對 $N_甲$、$N_乙$ 的反作用力為物體拉繩子的力。

　　　而 $W_甲$、$W_乙$ 為地球吸引甲、乙物體的萬有引力，其反作用力為甲乙物體對地球的萬有引力（$G_甲$、$G_乙$）。

二、力的種類

1. 接觸力與超距力
   (1)接觸力：摩擦力、正向力、推力、張力……等
   (2)超距力：重力、電力、磁力……等

2. 摩擦力
   (1)靜摩擦：當物體尚未運動，由力平衡可知，此時物體在平面受一大小與 F 相同，方向與 F 相反之作用力，此力即為靜摩擦力（f_s）與接觸面積無關，即 $f = f_s = F$
   (2)最大靜摩擦力：當物體將要移動時，此時物體的摩擦力最大，因其仍為靜止，所以摩擦力大小等於外力。又經實驗證明力的大小與正向力、接觸面的性質有關，即 $f = f_{smax} = F = \mu_s N$ 其中 μ_s 為靜摩擦係數，表示接觸面的性質。
   (3)動摩擦：當物體滑動時，物體在接觸面上受大小約略一定的摩擦力作用，此時摩擦力經實驗得出與正向力、接觸面的性質有關，即 $f = f_k = \mu_k N$ 其中 μ_k 為動摩擦係數，表示接觸面的性質。

3. 正向力
   當物體擠壓一個作用面時，作用面（即使看起來堅硬的表面）會變形，而且會以垂直作用面的一個力量推著物體，這個力稱為正向力（N）。

4. 張力
   當一細線（或繩子，或纜線等一類的東西）連接在一物體上拉緊，細線以一股遠離物體且沿細線方向的力拉著物體，這個力稱為張力（T）。

甲、乙、丙三位學生對飛機如何獲得向前推進的作用力，為何能由地面起飛升空，並且能在天空中飛行，不致墜落，各有不同的主張。對於飛機如何獲得向前推進的作用力或加速度，甲認為起落架上的輪子必須轉動，在地面跑道施給輪胎的摩擦力推動下，飛機才能獲得前進的加速度；乙則認為飛機的螺旋槳或渦輪機必須轉動，將周圍空氣吹向飛機後方，在空氣的反作用力推動下，飛機才能獲得前進的加速度；丙則認為飛機的引擎，不論周圍有無空氣，均能使其燃料迅速燃燒，當廢氣向後噴出時，飛機獲得反作用力，因此能向前加速。至於飛機為何能夠由地面起飛升空，而在空中時，為何又能維持飛行高度，不會墜落，甲和乙都認為這是由於飛機前進時，流過機翼上方與下方的空氣，速率不同，使機翼下方的空氣壓力較上方為大。因此，當飛機沿水平方向快速前進時，機翼上方與下方受到的壓力不同，可以產生鉛直向上的作用力（稱為升力），以克服重力，飛機因而得以升空，並在空中保持飛行高度，不致墜落。丙則認為飛機依靠向前的推進力，就能起飛升空，並改變飛行方向，進入一定的軌道，在重力作用下繞著地球飛行。依據以上所述，回答下列問題：

(1)對飛機如何獲得向前的推進力，三位學生提出的主張，分別與汽車、輪船、火箭前進時使用的原理類似。附表中哪一選項最適合用來說明這三種原理與學生主張間的對應關係？

原理＼選項	(A)	(B)	(C)	(D)	(E)	(F)
汽車	甲	乙	甲	丙	丙	乙
輪船	乙	甲	丙	甲	乙	丙
火箭	丙	丙	乙	乙	甲	甲

(2)考慮飛機在近乎為真空的太空中航行的可能性。下列哪一選項中的學生，其所提出的飛機飛行原理，不能用於太空航行？　(A)甲、乙、丙 (B)甲、乙　(C)甲、丙　(D)甲　(E)乙

(3)如果飛機依照三位學生主張的方式，由地面起飛，則哪些必須有加速的跑道，才能升空？哪些離地升空後，就沒有向前的推進力？

原理＼飛機	須有加速跑道才能升空	升空後即沒有前推進力
(A)	甲、乙、丙	甲、乙
(B)	甲、乙	甲
(C)	甲、乙	乙、丙
(D)	甲	甲、乙

【出處：91 學測】

【解答】(1) A；(2) B；(3) B

【分析】(1)汽車是利用地面與輪胎間的摩擦力而向前加速。輪船是利用葉片轉動把水向後推，而水向後推時就會給輪船反作用力，將輪船向前推進。噴射機利用噴射引擎把空氣向後推，此時空氣會給噴射機反作用力，使噴射機向前推動。火箭則是利用燃料燃燒時產生的廢氣排出時，廢氣會給火箭反作用力，使火箭向前推動。飛機升空後，利用機翼上下空氣流速不同，產生機翼下方壓力大於上方壓力，使得飛機可以飛翔。所以甲生主張貼近汽車、乙生主張貼近輪船、丙生主張貼近火箭。

(2)甲乙兩生的主張，均需要利用空氣產生推力。而在太空中近乎真空，沒有空氣可以產生推力，故無法前進。

(3)甲乙兩生主張，均需靠空氣流速不同，獲得推力。故需要跑道加速。丙生主張是由本身所產生的廢氣向後噴出即可升空，故不需要跑道加速。而甲生主張需要輪胎摩擦力而加速。升空後摩擦力即消失，推力當然就不存在。

一物體在某水平面上開始時為靜止，後來物體受一由小而大的作用力作用，其所受摩擦力與作用力的關係如附圖所示。依據附圖，下列有關摩擦力的敘述何者正確？　(A)物體受力作用後立即開始運動　(B)作用力如圖從 O 到 P 點時，物體維持靜止　(C)作用力如圖 P 點時，物體所受摩擦力最大　(D)作用力如圖 P 點時，物體的加速度最大　(E)作用力如圖從 Q 到 R 點時，物體運動的加速度愈來愈大　　　　　【出處：96 學測】

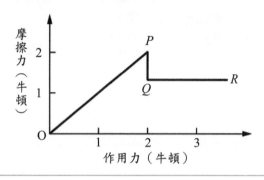

【解答】BCE

【分析】(A)受力需大於最大靜摩擦力，才可移動。

　　　　(B)$\overline{OP}$ 為靜摩擦力，此時物體為靜止狀態，施力大小等於摩擦力大小，且方向相反。

　　　　(C)P 瞬間，摩擦力最大此時為最大靜摩擦力。

　　　　(D)$\overline{QR}$ 物體發生移動，此時摩擦力為動摩擦力，摩擦力大小為一定值。施力越來越大時，根據 $F = m \times a$，故物體加速度越來越大。

三、重力

1. 萬有引力定律：兩質點間的引力，和兩質點的質量乘積成正比，而和兩質點間的距離平方成反比。

即 $F = G \dfrac{m_1 m_2}{r^2}$。

(1) m_1、m_2：質點的質量（公斤）

(2) r：質點間的距離（公尺）

(3) F：重力（牛頓）

(4) G：萬有引力常數

目前所知 G 的量值為 6.67×10^{-11}（$N \cdot m^2/kg^2$）。

(5) 質點 m_2 吸引 m_1 之重力 F 方向指向 m_2；質點 m_1 吸引 m_2 之重力—F 方向指向 m_1。這兩力剛好是一對作用力和反作用力；兩者大小相等，方向相反。這兩力與質點間的距離有關，與兩質點的位置無關。

2. 視重：物體置於磅秤或彈簧秤上的讀數（N）。

(1) 等速度移動時：$N = mg$。

(2) 加速度 a 上升：$N = mg + ma$。

(3) 加速度 a 下降：$N = mg - ma$。

 科學家名言

牛頓曾說：「把簡單的事情考慮得很複雜，可以發現新領域；把複雜的現象看得很簡單，可以發現新定律。」

具有相同體積且質料均勻的實心鐵球與鋁球，從離地面等高處由靜止自由落下，重力加速度的量值為 g。在落下的時間均為 t 時（尚未到達地面），忽略空氣阻力及風速的影響，下列哪幾項敘述正確？ (A)兩球所受的重力相同 (B)兩球下落的距離相同 (C)兩球有相同的速度 (D)兩球有相同的加速度 (E)兩球有相同的質量 【出處：97學測】

【解答】BCD

【分析】(A)$D_鐵 > D_鋁$，$M_鐵 > M_鋁$，$W = mg$，$\therefore W_鐵 > W_鋁$

(B)因為兩球在相同高度落下，距離相同。

(C)在地表附近時，相同地點則 g 值相同。因為初速均為零且落下時間相同，故末速相同。

(D)在地表附近時，相同地點則 g 值相同。

(E)$M = V \times D$，因為 V 相同，$D_鐵 > D_鋁$，$M_鐵 > M_鋁$。

題型切入觀點

因為受重力影響的是重量，在地球上重量跟質量視為等值但單位的性質不同，重量視為力，質量視為物質的含量。在此題中，必須還要稍微有點基本常識就是同大小的鐵跟鋁，鐵會比鋁還要來的重。亦即鐵的密度會大於鋁的密度。對於重力所產生的加速度，在地球表面我們視為定值。

一個密度均勻的星球，分裂為 8 個密度不變，質量相等的星球。則每個星球表面的重力加速度變為原來的多少倍？（球體體積，$V=\frac{4}{3}\pi R^3$，R：半徑） (A)$\frac{1}{8}$ (B)$\frac{1}{2}$ (C)2 (D)8

【出處：86 學測】

【解答】B

【分析】$g=\dfrac{GM}{r^2}$，分裂後 $M'=\dfrac{1}{8}M \Rightarrow r'=\dfrac{1}{2}r$。

分別代入 g 值，得 $g'=\dfrac{1}{2}g$。

科學家小傳——牛頓

　　牛頓是史上偉大的科學家，從劍橋的托利尼提大學畢業後，二十四歲時，倫敦發生黑死病的流行。他回到英格蘭故鄉避禍。他的三大發現就是在那一年半中發現的。一是「微積分法」的發現；再來就是「重力的法則」，據說在他的晚年，親口告訴他的年輕朋友斯迪克利，看蘋果從樹上掉下來而發現重力。當時，他們剛好站在蘋果樹下談這個故事。他認為地球的重力對月球也有所作用而試圖計算。可是當時所知的地球半徑跟實際數值差了15%之多，致使無法證明「重力與距離的平方成反比（萬有引力定律）」。第三的法則是有關光學的「光的光譜分解」。

　　回到倫敎之後，牛頓發明了反射望遠鏡。發表光的粒子說，「有關光和色的新理論」這篇論文。但受到了虎克激烈的反對。他發現薄膜所現出的色彩的周期性，「牛頓環」。這個現象，我們今天是用光的波動來說明的。

　　一六七九年，交惡後過了一段時期，虎克寫了一封關於天體運動問題的信給牛頓。在回信中，牛頓提議一項實驗。為了被虎克指出他的提議有所錯誤，牛頓發奮再開始研究力學。從虎克的另一封信獲知地球的正確半徑，牛頓終於解決月球的問題。牛頓出版「自然哲學的教學原理」。之後虎克主張那些都是他本人的業績而跟牛頓交惡的。這本書在物理學史上成為最有權威的古典物理學書籍，也成為近代科學的典籍。

四、靜力平衡

1. 剛體平衡（Equilibrium）的條件

⑴物體所受合力為零，維持靜止或等速度運動，稱為移動平衡。

⑵物體所受合力矩為零，維持靜止或等角速度運動，稱為轉動平衡。

2. 靜力平衡（static equilibrium）

⑴物體欲平衡須達到兩個條件：其一為所有作用於物體之外力和必須為零，另一為對任何點，所有作用於物體的外力矩合亦必須為零。

⑵物體不僅達到平衡條件，且處於靜止狀態，稱為靜力平衡。

 科學家名言

愛因斯坦曾說：「科學的真理不應在古代聖人的蒙著灰塵的書上去找，而應該在實驗中和以實驗為基礎的理論中去找。真正的哲學是寫在那本經常在我們眼前打開著的最偉大的書裏面的。這本書就是宇宙，就是自然本身，人們必須去讀它。」

汽車是能源使用效率相當低的一種交通工具，汽油在引擎內燃燒所提供的
能量，大部分被排出的廢氣與引擎的冷卻系統帶走，有些則消耗在汽車各
種機件的運轉上，只有約 12%是真正用來轉動車輪，使地面對汽車產生
一向前的推力F。以下只考慮在水平地面上沿直線道路前進的汽車。

作用於汽車的外力，其方向與汽車前進方向相反的，稱為阻力，這包括有
地面施加於輪胎的阻力f與周圍空氣施加於車體的阻力f'，此二力的合力
$R=f+f'$即為汽車受到的總阻力。因此，汽車若要維持等速度前進，引擎
必須作功以克服阻力的減速作用；當車速v愈快時，引擎所需提供的功率
P也愈大，而每單位時間消耗的汽油量（稱為油耗率）G也愈高。

甲、乙、丙三位學生對總阻力R與車速v的關係，各有不同的主張，但都
同意油耗率G與功率P成正比，而功率P又與總阻力與車速的乘積成正
比。

對於地面施給輪胎的阻力f，甲認為它應是來自地面的靜摩擦力，且當汽
車以等速度前進時，此力恆為零；而乙與丙則認為f應是輪胎與地面間的
動摩擦力，其大小與汽車的重量成正比，但與車速的快慢無關。

對於空氣施給車體的阻力f'，甲與乙都認為它應是來自空氣對車身的動摩
擦力，因此會與車速成正比；但丙則認為f'應是空氣對車身各部位的壓力
不同所造成的，因此會與車速的平方成正比。

依據以上所述與牛頓運動定律，並假設汽車是在水平地面上，當一汽車以
等速度前進時，回答下列問題：

⑴下列有關此汽車所受推力與阻力的敘述，何者正確？　(A)推力F與總
　阻力R的方向相同　(B)推力F與總阻力R的大小相同　(C)阻力f'與總
　阻力R的方向相反　(D)推力F可以小於阻力f

⑵當汽車以等速度前進時，下列有關總阻力R的敘述，何者正確？
　(A)三位學生都認為車速愈快時，總阻力R會愈大　(B)甲與乙都認為總
　阻力R車速成正比　(C)丙認為總阻力R與車速的平方成正比　(D)乙與
　丙都認為總阻力R與車速無關

(3)一輛載客用的汽車以同一速度等速前進時，三位學生依據其主張，推論此汽車所受阻力與所載重量之間的關係。附表哪一選項的結論，與其推論者的主張是一致的？

選項	推論者	結論
(A)	甲	此汽車輪胎受到的阻力 f，與其所載的重量無關
(B)	乙	此汽車輪胎受到的阻力 f，與其所載的重量無關
(C)	甲	此汽車所載的重量愈輕，則輪胎受到的阻力 f 會愈小
(D)	丙	此汽車所載的重量愈輕，則車體受到的阻力 f' 必然愈小

(4)當汽車以等速度前進時，若引擎功率 P 與車速 v 的關係以 $P=v(a+bv^n)$ 表示，且常數 a 與 b 均與車速無關，a 如附表所列，$b>0$ 則三位學生主張的功率，其 n 值為何？

選項	(A)	(B)	(C)	(D)
學生甲（$a=0$）	$n=2$	$n=1$	$n=1$	$n=1$
學生乙（$a>0$）	$n=1$	$n=2$	$n=1$	$n=2$
學生丙（$a>0$）	$n=1$	$n=1$	$n=2$	$n=2$

(5)當汽車以等速度前進時，下列有關油耗率與能量的敘述，何者正確？
(A)在歷時為 t 的時間內，汽油在引擎內燃燒提供的總能量為 Fvt　(B)汽油在引擎內燃燒時，每單位時間內提供的總能量為 $Fv/0.12$　(C)油耗率 G 與速率 v 的乘積（即 Gv），等於汽車每單位里程所消耗的汽油量　(D)速率 v 與油耗率 G 的比值（即 v/G），等於汽車每單位里程所消耗的汽油量

【出處：92 學測】

【解答】(1) B；(2) A；(3) A；(4) C；(5) B

【分析】(1)車輛以等速前進，合力為零。所以 $F=R$，力的方向相反。

(2)$R=f+f'$，甲：f'、車速成正比，f 在等速行駛時為定值，所以車速越大，R 越大。乙：f'、車速成正比，f 與重量成正比與車速無關，所以車大越大，R 越大。丙：f' 與（車速）2 成正比，f 與重量成正比，與車速無關。所以車速越大，R 越大。

(3)等速行駛的客車，甲：輪胎等速前進，f 為 0，與載重無關。乙：阻力 f 與載重成正比。丙：f' 與（車速）^{2} 成正比，與載重無關。

(4)$P \propto FV = RV = (f+f')V$，$P = V(a+bV^n)$

甲：$P = kRV = k(f+f')V = k(0+mV)V$，$n_甲 = 1$

乙：$P = kRV = k(f+f')V = k(f+mV)V$，$n_乙 = 1$

丙：$P = kRV = k(f+f')V = k(f+mV^2)V$，$n_丙 = 2$

(5)(A)總能量的 12% 推動車，$\therefore P = \dfrac{E \times 12\%}{t} = FV$，$FVt = E \times 12\%$

$\neq E$

(B)每單位時間提供的總能為 $\dfrac{E}{t}$。$\dfrac{E}{t} = \dfrac{FV}{12\%} = \dfrac{FV}{0.12}$。

(C)油耗率 $G = \dfrac{汽油（l）}{時間（t）}$，$V = \dfrac{距離（km）}{時間（t）}$，

$GV = \dfrac{汽油（t）\times 距離（km）}{（時間）^2（t^2）} \neq \dfrac{汽油（l）}{距離（km）}$

(D)$\dfrac{速率（V）}{油耗率（G）} = \dfrac{距離（km）}{時間（t）} \times \dfrac{時間（t）}{汽油（l）} \neq \dfrac{汽油（l）}{距離（km）}$

$\therefore$ 每單位里程油耗 $= \dfrac{油耗率（G）}{速率（V）} = \dfrac{汽油（l）}{距離（km）}$

題型切入觀點

從題意來看我們可以知道，現實中所有產能運轉的機器都無法百分百，將能量運用在想要的地方。有絕大部分的能量都消耗在摩擦力、熱能上。第一題重點在於外力平衡時，有靜止跟等速度運動的狀態；第二題重點在於汽車運行阻力有兩種，其一是輪胎跟地面的摩擦力，因為汽車已經在運行，故此摩擦力為動摩擦力為一定值，另一是空氣給予車體的阻力，車速越快會造成空氣阻力越大。

五、壓力

1. 基本定義：單位面積所承受的垂直作用力，
   $P = \dfrac{F}{A}$。此定義最常用於固體方面。

2. 壓力公式的轉換

   $P = h \times d$。適用於液體及測量氣體的壓力。

   (1) 液體壓力來自四面八方，且各個方向的壓力大小均相同；壓力與容器的器壁垂直。

   (2) 同一液體、同一水平面，壓力相同。

   (3) 連通管原理：連通管是指多個容器底部相通，不論容器的大小、形狀、粗細，連通管內各容器的液面一定在同一平面。

   (4) 帕斯卡原理：在密閉容器溶液中，任一點所受的壓力均相等。
      即 $\dfrac{F_1}{A_1} = \dfrac{F_2}{A_2}$。

 科學家小傳——托里切利

　　在伽利略的時代，人們都相信自然討厭真空。真空一出現，周圍的東西馬上就會把真空填滿使真空消失。用幫浦從下面將水抽上來這件事就是一個例證，可是有個幫浦的水管很長，水抽到大約十公尺高的地方就再也抽不上。伽利略聽到這件事後，認為水管內的水柱只維持某些高度，超過了那些高度就會倒塌。

　　托里切利是伽利略的學生。他想到用水銀代替水來做實驗。用水銀的話，高度可能只要有水的十四分之一就夠了，實驗起來非常方便。

　　根據托里切利的構想，由伽利略的另一個學生做實驗，叫做「托里切利的實驗」。一端密封，大約一公尺長的玻璃管子裡面裝滿水銀，把管子倒過來放入水銀槽內。管子裡面的水銀會下降到大約七十六公分的高度。在管子內空出來的部份就是真空。由實驗可以看出有些什麼壓力把液體往真空中推上。托里切利很快就看出那是什麼壓力。

　　托里切利確信被認為自然討厭真空的現象，其實可用空氣柱的重量所產生的壓力說明。托里切利就這樣發現了大氣壓。他也用水銀柱觀察了大氣壓的變化。這件事可以是近代氣象學的開始吧。

汞與水的密度比為 13.6：1，而 0.76 公尺高的汞柱直立時，其底部與頂端的壓力差為一大氣壓。下列有關壓力的敘述，何者正確？（應選二項）
(A)大氣施加於地表的壓力，其大小稱為一大氣壓　(B)任何密閉容器內的氣體壓力必大於容器外面的大氣壓力　(C)汞柱底部與頂端的壓力差，與汞柱底部的面積大小成反比　(D)一大氣壓約等於 0.76 × 13.6 公尺的水柱直立時底部與頂端的壓力差　(E)靜止液體表面的大氣壓力為一大氣壓時，液面下各處之壓力必大於一大氣壓　　　　　　　【出處：91 學測】

【解答】DE

【分析】(A)大氣壓力來自於地表上大氣的重量，因為地點、天候等條件不同。大氣壓力可能會大於、小於或等於一大氣壓。

(B)密閉容器內壓力並不一定為一大氣壓，可能會大於或小於一大氣壓。

(C)汞柱底部壓力差與面積無關，與高度有關。

(D)汞柱底部壓力 $= 1atm = P = hd = 0.76 \times 13.6 = 10.336 \times 1$

(E)液面下壓力 $=$ 大氣壓 $+$ 液壓 $> 1atm$

🦁 **科學家名言**

帕斯卡曾說：「研究真理可以有三個目的：當我們探索時，就要發現到真理；當我們找到時，就要證明真理；當我們審查時，就要把它同謬誤區別開來。」

類題

下列有關壓力的敘述，何者正確？ (A)高空 500 百帕等壓線的大氣壓力，通常都大於 1 大氣壓 (B)緯度 45°、氣溫 0℃的海平面上，大氣壓力等於零大氣壓 (C)水的平均密度是水銀的 $\frac{1}{13.6}$，所以海水面下 10 公尺處的壓力約為 2 大氣壓 (D)岩石的平均密度約為 3.3 克／立方公分，所以地表下 3 公里處的岩壓比海面下 3 公里處的水壓小 【出處：92 學測】

——————————— 900 百帕等壓面

——————————— 1000 百帕等壓面

〰〰〰〰〰〰〰地面

【解答】C

【分析】(A)氣壓來自於大氣重量，高空氣壓應小於地面。

(B)緯度 45°，氣溫 0℃的海平面上大氣壓力應為 1atm。

(C)海水面下 10m 深的地方壓力為大氣壓＋水壓。10m 水壓 $P=hd$ ＝$10 \times 1 = 10$（公尺× 水柱）$\cong 10.336$（公尺× 水柱）＝1atm。因此海水面下 10m 深地方壓力為 2atm。

(D)岩石的密度大，故壓力一定較水大。

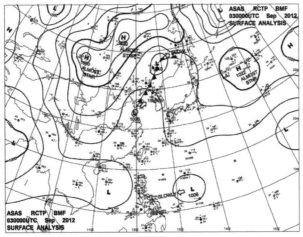

氣象分析及預測圖（轉載於中央氣象局）

主題三 力

科學家小傳──帕斯卡

　　帕斯卡雖然也是一位科學家，但他作為哲學家及宗教家的名聲比較大。他的名作「冥想錄（Pensee）」及其中的一句「人是會思想的葦草」都非常有名。他作為科學家的種種活動都是在三十一歲左右，經驗一直到宗教的啟示以前。得到啟示後，他就到了保羅皇家修道院，以客員身份一直在那裡專心思索及寫作。

　　帕斯卡出生於法國南部的克利爾蒙。從小就洋溢著天才的光芒。十六歲時就為了「圓錐曲線論」，十八歲時發明了手動計算機。托里切利的水銀柱實驗報告傳到法國來。1644 年，巴斯卡知道了這件事後，馬上訂造了玻璃管子，與父親的友人普提協力照做了托里切利的實驗。從這個實驗，他承認真空確實存在。祇是為了讓人們相信，他必繼續做實驗。

　　一般都認為水銀柱上面空出來的部份有看不見的氣體。帕斯卡準備兩支玻璃管子，一支裝水，另一支裝紅葡萄酒，分開做實驗。觀眾和公證人都認為有揮發性的葡萄酒會揮發更多的氣體，所以葡萄酒一定會比水在上面空出更大的空間，實驗的結果剛好相反，水所空出來的空間反而此葡萄酒大。根據這個實驗，帕斯卡在 1647 年出版了叫做「有關真空的新實驗」的小冊子，主張造出了真空。

　　同一年的秋天，他與笛卡兒討論這個問題之後，確信水銀柱是由大氣壓力支撐著。為了證實，須要到高處去看水銀柱的高度是否會變化。他把這件事托他的姊夫斐利埃前往克列爾蒙市附近，標高大約一千公尺的山上去實驗。斐利埃確認了在山上和山下，水銀柱子的高度相差 8.5 公分·巴斯卡本身也量出在五十公尺高的塔上和地上，水銀柱子相差 0.45 公分。這樣，大氣壓的存在終於成為不可質疑的事實。壓力的單位 Pa（Pascal）就是從他的名字來的。巴斯卡再繼續研究，由於實驗和推論，終於發現「帕斯卡的原理」。在流體內，加於某部份的壓力會傳送到容器內的每一部份。

主題四　功與能量

主題四　功與能量

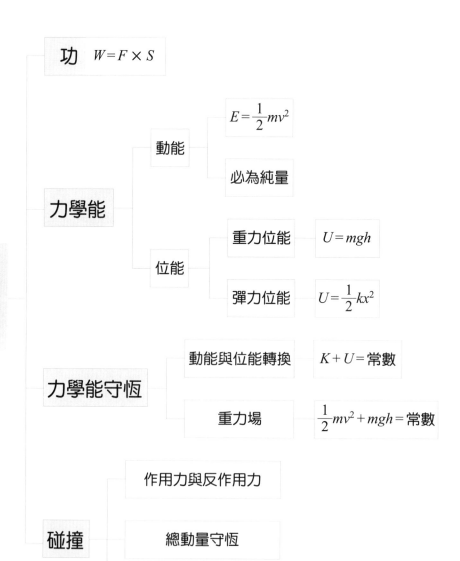

功　$W = F \times S$

力學能

動能　$E = \frac{1}{2}mv^2$

必為純量

位能　重力位能　$U = mgh$

彈力位能　$U = \frac{1}{2}kx^2$

力學能守恆　動能與位能轉換　$K + U = 常數$

重力場　$\frac{1}{2}mv^2 + mgh = 常數$

碰撞　作用力與反作用力

總動量守恆

衝量大小相等方向相反

功與能量

一、功

1. 功的意義：物體在力的作用下移動，力對物體做了功（W）。

   (1) 功 W 是將一力作用在物體上，使能量轉移至物體或從物體轉移出來。能量被轉移至物體是正功，而能量被從物體轉移出來是負功。

   (2) 功是被轉移的能量；作功是轉移能量的行為；功是一個純量。

2. 功的定義：作用力使物體移動的距離，稱為功。

   即 $W = FS$。

      a. W 為功，單位為 J（焦耳）

      b. F 為力，單位為 N（牛頓）

      c. S 為位移，單位為 m（公尺）

   (1) 計算一力在物體位移期間對物體所作的功，只需用到沿物體位移方向的力分量；而垂直位移方向的力分量所作的功為零。

   (2) 力方向和位移同方向時，此力作正功；而力方向和位移反方向時，此力作負功；力方向和位移方向垂直時，此力不作功。

3. 功率的定義：一力作功的速率稱為功率。

   即 $P = \dfrac{W}{\Delta t}$。

      a. P 為功率，單位為 $\dfrac{\text{J}}{\text{s}}\left(\dfrac{\text{焦耳}}{\text{秒}}\right) = \text{W}$（瓦特）

      b. W 為功，單位為 J（焦耳）

      c. ΔT 為時間差，單位為 s（秒）

一光滑斜面和水平面成 30°角。今有質量為 1 公斤的物質,由靜止開始,沿著斜面下滑 2 公尺的距離,則就整個運動過程而言,下列有關「功」的敘述,何者<u>錯誤</u>?(重力加速度為 9.8 公尺／秒²) (A)重力垂直於斜面的分力,總共作了 9.8 焦耳的功 (B)重力平行於斜面的分力,總共作了 9.8 焦耳的功 (C)重力總共作了 9.8 焦耳的功 (C)斜面施於物體的正向力,總共作了 0 焦耳的功 【出處:90 學測】

【解答】A

【分析】(A)物體沿斜面運動,重力垂直於斜面的分力不作功。

(B)$W = F_{水平} \times S = 9.8 \times \dfrac{1}{2} \times 2 = 9.8(J)$

(C)物體運動來自於重力作功,所以 $W_{重力} = 9.8(J)$。

(D)物體沿斜面運動,正向力與物體運動方向垂直,因此不作功。

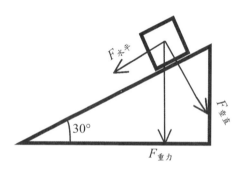

背包能停在溜滑梯上,就是因為摩擦力

一個在水平地面上的箱子，當受到的水平推力為 F 時（$F>0$），以 2 公尺／秒的等速度向前移動。若地面摩擦力以外的阻力可以不計，則下列敘述，何者正確？　(A)當推力為 $2F$ 時，箱子會以 4 公尺／秒的等速度移動　(B)當箱子等速度移動時，推力 F 所作的總功為零　(C)推力 F 的大小必須大於箱子所受的摩擦力　(D)推力 F 的大小等於箱子所受的摩擦力　(E)推力 F 的大小必須大於箱子的重量　　【出處：92 學測】

【解答】D

【分析】(A)物體運動時，f 是動摩擦力為一定值。$F=f$，$\therefore 2F>f$，物體做等加速運動。

　　　　(B)合力作功為 0，推力（F）作正功，摩擦力（f）作負功。

　　　　(C)根據牛頓第一運動定律，物體作等速度運動時，物體所受的合力等於 0。$F_{合力}=0=F-f$，$\therefore F=f$。

　　　　(D)正確。

　　　　(E)只需要克服摩擦力（f）。

水平推動在水平地面的箱子

二、力學能

1. 動能：物體因運動速度的存在，而具有對外作功的物理量。

   (1) 定義：$K = \dfrac{1}{2}mv^2$

   (2) 動能為純量，恆為正值。

   (3) 對不一樣的參考坐標，動能不一樣。

2. 位能：系統由於位置或形狀發生改變，所儲存的能量稱之。

   (1) 如由於高度改變的能力，稱重力位能、受彈簧推力向外移動的能力，稱彈力位能、電荷位置移動的能力，稱電位能等。

   (2) 彈簧在原長時彈力位能為零，當彈簧常數為 k 且壓縮（或伸長）x，彈簧儲存的能量稱為彈力位能。即 $U = \dfrac{1}{2}kx^2$

   (3) 將一質量為 m 的質點，從無窮遠處移動了 h 公尺，所做的功即為此位置的重力位能。即 $U = mgh$。

3. 力學能守恆

   (1) 不同形式的能量可以互相轉換，像是動能與位能的轉換，稱力學能守恆。

   即 $K + U =$ 常數。

   (2) 在重力場中，動能與重力位能轉換公式

   即為 $\dfrac{1}{2}mv^2 + mgh =$ 常數。

範例

公園的鯉魚以垂直水面方式躍出，其質心距離水面最大高度約 20 公分。如果只考量重力的影響，則下列有關鯉魚躍出至落回水面的敘述，何者正確？ (A)鯉魚質心自躍出到落回水面，一共約持續 0.4 秒 (B)離水面愈高，鯉魚所受重力愈大 (C)離水面愈高，鯉魚質心動能愈大 (D)在最高點處，鯉魚質心速率最大 (E)在最高點處，鯉魚質心速率為零

【出處：99 學測】

【解答】AE

【分析】(A)此為鉛直上拋，上去、下來時間相同。可計算自由落體所花費時間再乘 2。$S = V_0 t + \dfrac{1}{2} at^2$，$V_0 = 0$，$\therefore 0.2 = \dfrac{1}{2} \times 9.8 \times t^2 \Rightarrow t \cong 0.2$。所花時間為 $0.2 \times 2 = 0.4$(s)

(B)近地表重力不變。

(C)根據力學能守恆，位置越高，位能越大，所以質心動能越小。

(D)在最高點處，位能最大，故動能最小。質心速度為零。

(E)正確。

題型切入觀點

此題為運動學的鉛直上拋、重力及能量混合題，只要在地表附近他的重力相等。鉛直上拋至最高點時，質心速度為零。

在水平地面上有一球落地反彈又落地，週而復始。前後兩次反彈又落地的過程之最大高度比為 1：0.64。假設空氣阻力可以忽略，則下列有關前後兩次反彈又落地過程的敘述，哪幾項正確？　(A)最大動能的比例為 1：0.64　(B)「最大位能－最小位能」的比例為 1：0.64　(C)最大力學能的比例為 1：0.8　(D)最大速度量值的比例為 1：0.64　　　【出處：97 學測】

【解答】AB

【分析】(A)根據力學能守恆，最大動能＝最大位能，位能與高度成正比。

　　　　∴動能比為 1：0.64。

　　　(B)最小位能的高度應為零位面，所以最大位能－最小位能＝最大位能。

　　　　∴比例為 1：0.64。

　　　(C)根據力學能守恆，最大動能＝最大位能＝最大力學能。

　　　　∴比例為 1：0.64

　　　(D)$E_K = \dfrac{1}{2}mV^2$，$V_1 : V_2 = \sqrt{E_{K_1}} : \sqrt{E_{K_2}}$，

　　　　∴$V_1 : V_2 = \sqrt{1} : \sqrt{0.64} = 1 : 0.8$。

科學家小傳——焦耳

　　焦耳是一位釀造業者，也是曼徹斯特文學科學協會會員。他從電磁馬達的實用化和效率的改善接近了「能量守恆定律」。因此我們把功或能量的單位叫做 J（焦耳，Joule）。

　　今日的電磁馬達是以電池為動力源的馬達。雖然效能遠不及蒸氣機，使焦耳放棄研究，他卻注意到電流產生熱的現象，進而發現「焦耳的法則」，電流所產生的熱與導線的電阻和電流的強度平方成正比這個事實。由此進一步把握了化學作用、熱和電這三件事的統一理論。

　　之後由實驗確認不引起化學變化的電磁感應產生的電流會因焦耳的法則產生熱。到這裡，焦耳已確信熱就是運動。只要事關消耗動力的功除須要考慮力學上的問題之外，也須要考慮熱的產生。此後，焦耳集中精力，用種種方法去探求更精密的熱和功的關係。

三、碰撞

1. 碰撞
   (1)是一作用力與反作用力
   (2)系統的總動量守恆
   (3)兩者所受的衝量大小相等方向相反

2. 一維空間彈性碰撞
   碰撞物體的系統總動能在碰撞時不變，則該系統的動能是守恆（碰撞前和碰撞後是相同的），稱為彈性碰撞。

3. 彈性碰撞且 m_2 物體原為靜止，即 $v_{2_0} = 0$

4. 非彈性碰撞
   當物體碰撞時，系統本身一些的動量轉換成其他形式的能量，因此系統的動能並不守恆，稱為非彈性碰撞。

5. 完全非彈性碰撞
   當物體碰撞時，系統本身的動量完全轉換成其他形式的能量，例如：箭射入箭靶中、m_1 具有速度往前碰撞原為靜止的 m_2，碰撞後兩物合在一起以等速度前進；這種碰撞稱為非彈性碰撞。

範 例

質量皆為 m 的兩相同金屬塊，且其初始溫度相同，以相同速率 v 對撞之後靜止，達成熱平衡後溫度上升 ΔT。若不計阻力與熱量散失，小華預測不同對撞條件下，溫度的上升量如附表，則附表中的預測何者正確？（應選兩項） (A)甲 (B)乙 (C)丙 (D)丁 【出處：94 學測】

選項	質量	速率	預測溫度上升量
甲	$2m$	v	ΔT
乙	$2m$	v	$2\Delta T$
丙	m	$2v$	$2\Delta T$
丁	m	$2v$	$4\Delta T$

【解答】AD

【分析】對撞後靜止，動能完全轉換成熱能：

$$\frac{1}{2}mv_1^2 + \frac{1}{2}mv_2^2 = 2m \times S \times \Delta T \times 4.2 \underset{v_2=0}{\Longrightarrow} \Delta T = \frac{v^2}{16.8 \times S}$$

∴ ΔT 與 V^2 成正比，與質量無關。V 不變，ΔT 也不變 ⇒ V 變兩倍，ΔT 變 $2^2 = 4$ 倍。

題型切入觀點

　　彈性碰撞一定是動能守恆，所以代入動能守恆方程式。因為他們碰撞後靜止，推測他們碰撞時的動能轉換成熱能。因此要知道熱能方程式，即 $H = m \times S \times \Delta T$。動能等於熱能，因此才可推演出關係式。

兩物體 A、B 發生迎面碰撞，碰撞後 A 和 B 都朝 A 原來移動的方向運動。下列推論何者正確？ (A)碰撞前 A 的動量大小一定比 B 大 (B)碰撞前 A 的動能一定比 B 大 (C)碰撞前 A 的速率一定比 B 大 (D)A 的質量一定比 B 大 (E)A 的密度一定比 B 大 【出處：85 學測】

【解答】A

【分析】 $\because A$、B 質量、速度均不知。碰撞前後需遵守動量守恆，由碰撞後動量方向朝原 A 原來移動的方向，可知 $|\vec{p_A}| > |\vec{p_B}|$。

吊娃娃機的技巧跟碰撞與反射定律有關

科學家小傳——瓦特

瓦特，英國發明家、機械師，在蒸汽機的發明中作出過重大貢獻。1736年1月19日生於英國蘇格蘭的格里諾克，1819年8月25日在希思菲爾德逝世。

瓦特的父親是木工和造船工。瓦特自幼愛好技藝和幾何學，少年時即精通木工、金工、鍛工和模型製造等技術。1753年到格拉斯哥和倫敦學習儀器製造。1757年回到格拉斯哥。1764年，為格拉斯哥大學修理紐科門，T.蒸汽機模型，開始從事蒸汽機的研究和改進，1785年被選為英國皇家學會會員，1806年被授予格拉斯哥大學法學博士，1814年被選為法蘭西科學院外籍院士。

瓦特針對紐科門蒸汽機熱效率低、燃料消耗量大的問題進行了研究和改進。他根據他發現的水在沸騰時繼續加熱水溫不再昇高的失熱現象，在格拉斯哥大學教授J.布萊克提出的比熱和潛熱概念的啓發下，將汽缸排出的蒸汽引入與汽缸分離的凝汽器內冷卻，使汽缸在不必冷卻的情況下繼續由新通入的蒸汽作功，並採用汽缸套使汽缸保溫，提高了熱效率。瓦特於1765年製成可供實用的單作用式蒸汽機，並於1769年1月5日取得「在火力機中減少蒸汽和燃料消耗的新方法」專利。但由於鑄造的缸筒內表面粗糙，活塞與缸筒之間密封差，嚴重漏氣，影響了使用。1774年瓦特去伯明翰，繼續研製蒸汽機。1775年，J.威爾金森用他製成的炮筒鏜床，為瓦特加工缸筒內孔，保證了缸筒與活塞的配合要求，使瓦特蒸汽機於1776年投入運行。

為進一步改造蒸汽機，瓦特吸取了德國人J.洛伊波爾德在1772年提出的利用進排氣閥使氣缸連續往復運動的原理，投入了雙作用式蒸汽機的研製工作。他因所發明的使活塞的往復運動轉變為旋轉運動的曲柄連杆機構已被J.皮卡德取得專利，遂又研製行星齒輪機構予以代替，並於1781年10月取得雙作用式蒸汽機的專利權。1784年，他改進蒸汽機的配氣機構，採用帶氣泵的凝汽器和使活塞平行運動的四連杆機構等。1788年他又發明了能控制進氣閥的開啓程度從而控制蒸汽機速度的離心調速器，1790年又發明了壓力錶，從而使蒸汽機臻於完善。他將蒸汽機零部件標準化，並投入成批生產。1794年皮卡德的專利期滿，瓦特將行星齒輪機構改為曲柄連杆機構，最後完成了雙作用式蒸汽機的發明。瓦特是功率單位「馬力」的提出者，國際單位制中的功率單位「瓦特（Watt）」就是以瓦特的姓氏命名的。

主題五　熱　學

主題五　熱　學

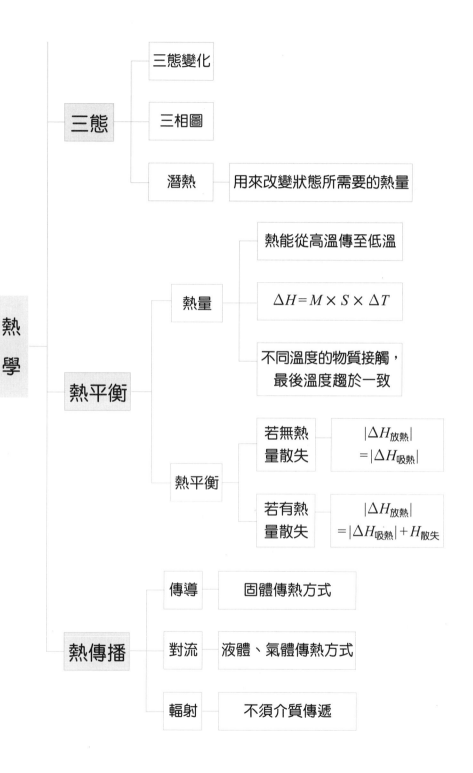

一、溫度

1. 溫度計

   ⑴作為溫度計所具備的條件

   ① 待測物體接觸後，短時間內即達平衡。

   ② 其質量或容積不可太大，以免和物體接觸時改變了物體的溫度。

   ③ 因冷熱而產生的效應十分明顯，即靈敏度很大。

   ⑵溫度

   ① 華倫海特 1714 年以冰水與氯化銨的混合物定為 0°F；無鹽的冰水混合物定為 32°F；溫度計置入口中及腋下定為 96°F。

   ② 1743 年，瑞典天文學家攝西阿斯將一大氣壓下水的沸點定為 100°C，冰點定為 0°C，兩者間均分成 100 個刻度。此溫標在使用上非常方便，因此在採用公制單位系統的國家甚受歡迎。1954 年，第十屆國際度量衡大會為表彰攝氏的貢獻，特別將此溫標命名為「攝氏溫標」。

   ③ 1848 年，愛爾蘭人克爾文爵士根據法國物理學家卡諾的熱力學理論，創立了絕對溫標。其優點是不受使用物質的影響，在各溫度範圍下均能適用。

   ④ 1927 年，第七屆國際度量衡大會，採用其作為最基本的溫標。

   ⑤ 1960 年，第十一屆國際度量衡大會，特將冰、水和水蒸氣三相共存時的溫度定為 273.16K，稱為水的三相點。絕對溫標又稱克氏溫標，以紀念克氏之貢獻，它和攝氏溫標間的換算關係是絕對溫度（K）＝攝氏溫度（°C）＋273.15

二、物質的三態變化與潛熱

1. 物體之三態變化

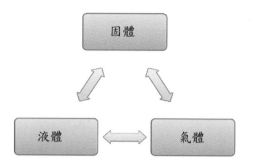

2. 三相圖

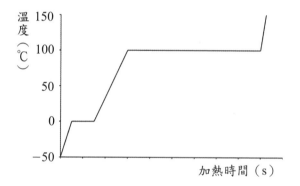

3. 潛熱

當物質吸收熱量，主要改變分子運動劇烈程度，則物質的溫度
會明顯的改變。當物質吸收熱量，是用來改變狀態，則溫度變
化極小（可視為不變），此時吸收（或放出）的熱量稱為潛能。
物質分子間有分子力，會隨狀態、分子種類而不同，所以潛能
也就不同。

在奈米時代，溫度計也可奈米化。科學家發現：若將氧化鎵與石墨粉共熱，便可製得直徑 75 奈米、長達 6 微米的「奈米碳管」，管柱內並填有金屬鎵。鎵（Ga，熔點 29.8℃，沸點 2403℃）與許多元素例如汞相似，在液態時體積會隨溫度變化而冷縮熱脹。奈米碳管內鎵的長度會隨溫度增高而呈線性成長。在 310K 時，高約 1.3 微米，溫度若升高到 710K 時，高度則成長至 5.3 微米。根據本段敘述，回答下列二題：

⑴當水在一大氣壓下沸騰時，上述「奈米溫度計」內鎵的高度會較接近下列哪一個數值（微米）？ (A)0.63 (B)1.9 (C)2.6 (D)3.7 (E)5.3

⑵若欲利用上述奈米溫度計測量使玻璃軟化的溫度（400～600℃）時，下列哪一元素最適合作為鎵的代替物？ (A)Al（熔點 660℃，沸點 2467℃） (B)Ca（熔點 839℃，沸點 1484℃） (C)Hg（熔點 −38.8℃，沸點 356.6℃） (D)In（熔點 156℃，沸點 2080℃） (E)W（熔點 3410℃，沸點 5560℃）

【出處：93 學測】

【解答】⑴ B；⑵ D

【分析】⑴由題意，鎵的高度隨溫度而呈線性成長

　　　　水在一大氣壓沸騰，溫度 = 100℃ = 373K，設此時鎵的高度為 x。

$$\frac{710-310}{5.3-1.3}=\frac{373-310}{x-1.3}$$

$$x=1.93 \text{（μm）……故選(B)}$$

　　　⑵測量範圍為 400℃～600℃，此範圍內溫度計內物質須維持相同狀態。最好維持在「液態」。∴熔點需小於 40℃，沸點需大於 600℃。故選 In。

類題

某人在廚房內用未加蓋的鍋子燒水,當整鍋水沸騰時,下列敘述何者正確? (A)若增強鍋下的火力,鍋內的水溫不會改變 (B)所見到的蒸氣是溶在水中的空氣所形成的 (C)必須加以攪拌後,鍋內各處的水溫才會相同 (D)若以鍋蓋蓋緊,則水的沸騰將會暫息,水溫會降低

【出處:94學測】

【解答】A

【分析】(A)沸騰時各處水溫應該一樣,供熱增加。只會使汽化速度加快,而不改變沸騰溫度。

(B)蒸氣是水蒸氣遇冷凝結而成的小水滴。

(C)水受熱因體積改變,而密度改變,自行產生對流。不須攪拌,沸騰時各處水溫均相同。

(D)蓋緊鍋蓋僅提供壓力變大,故沸點也隨之上升。沸騰現象會暫息,但水溫不會下降。

 科學新知:溫度計的介紹

溫度計的種類分成固體、液體、氣體及光電阻物質均可作成溫度計。氣體膨脹與收縮程度太大且不易觀察,故氣體溫度計的實用性不大。

固體溫度計有:

1.雙金屬溫度計:由相異的兩塊金屬長條互相黏合,受熱時因兩塊金屬膨脹程度不同而彎曲,並帶動指針偏轉來標示溫度大小,較不精準。

2.電阻溫度計:將金屬絲受熱後電阻的變化精確地以數字表示,靈敏度高,主要測量超低溫。

液體溫度計有:

1.水銀溫度計:水銀容易傳熱且膨脹率均勻,故較準確。水銀的沸點高,適合測高溫。

2.酒精溫度計:酒精餓凝固點低,適合測低溫。因酒精無色故加入「紅色染料」以便於觀察。

3.液晶溫度卡:水族館中,黏在玻璃上的液晶溫度卡會隨水溫的升降而改變顏色。

光電阻物質溫度計有:

1.耳溫槍:可接收耳內血液流動時放出的紅外線溫度熱輻射,以測量人體溫度。

2.高溫溫度計:是專門用來測量 500℃ 以上的溫度計,有光測溫度計、比色溫度計和輻射溫度計,其測量範圍為 500℃ 至 3000℃ 以上,適用於測量超高溫。

三、熱的本質與熱功當量

1. 熱功當量實驗

   (1)質量為 m 公斤之兩個重錘由高 h 米處緩緩下降，當重錘下降時，帶動一滾輪轉動，滾輪下連有可隨之轉動的翼瓣。

   (2)當翼瓣轉動時，水亦隨之流動，但流動的水受到容器內固定隔瓣所阻，故造成內摩擦頗大，因水流受阻甚大，且重錘下降頗緩，而水並無顯著的動能。

四、熱容量及比熱

1. 熱容量：物質每升高或降低 1℃時，所吸收或是放出的熱量（ΔH），以 C 表示。

2. 比熱：1 克的物質升高或降低 1℃所吸收或放出的熱量，以 S 表示。

3. 熱量：能量由高溫處傳到低溫處，傳遞的能量多寡。即 $\Delta H = M \times S \times \Delta T$。

4. 水當量：物體對熱反應的程度與 M 克的水相當，故單位為克。

5. 莫耳熱容

   (1)莫耳熱容 C_m：每莫耳物質的熱容量，常用單位為 J/mol・K

   (2)金屬元素的莫耳熱容約為 25J/mol・K

   (3)雙原子分子的莫耳熱容約為 29J/mol・K

   (4)單原子分子的莫耳熱容約為 20.8J/mol・K

五、熱平衡

1. 熱量自溫度高的地方往溫度低的地方傳播，最後溫度將趨於一致。

   (1)若無熱量散失：$|\Delta H_{放熱}| = |\Delta H_{吸熱}|$

   $M_1 \times S_1 \times (T_{末溫} - T_{初溫}) + M_2 \times S_2 \times (T_{末溫} - T_{初溫}) = 0$

   (2)若有熱量散失：$|\Delta H_{放熱}| = |\Delta H_{吸熱}| + H_{散失}$

   $M_1 \times S_1 \times (T_{末溫} - T_{初溫}) + M_2 \times S_2 \times (T_{末溫} - T_{初溫}) + H_{散失} = 0$

(3)熱力學第零定律：三物體 A、B、C，當 A 和 B 兩物體分別與 C 物體形成熱平衡時，則 A 與 B 也會處於熱平衡狀態。

科學新知：瞬間結冰

以前常聽人家說某某人很夠力，台語講：「喊水ㄟ結凍！」，用來形容有權勢的人，誰也沒想到，可口可樂最新的「急凍冷凝機」，讓我體會到這句話的真正涵意。 這是一款曾在香港造成大流行的可樂機，可樂在販賣機售出後，直接旋開瓶蓋，碎冰就會瞬間湧現，新奇又好玩。主要的原理是因為可口可樂瓶裡填充了大量二氧化碳，液體的結冰點會變成零度以下（水的冰點為 0 度），新的販賣機溫度控制在在 -2 至 -7 度間，在販賣機裡維持液態的形式，當扭開瓶蓋時，二氧化碳從瓶蓋散發出來，冰點會被瞬間提升，此刻的液體就會產生部份結冰，而冰又會一個帶一個產生連鎖反應而造成瞬間結冰的現象。

質量 100 公克的某固態金屬以功率為 200 瓦特的熱源加熱，測得金屬溫度 T 隨時間 t 變化的曲線如附圖所示。根據上文及附圖，回答下列問題：

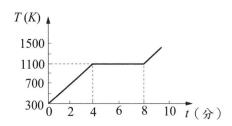

(1)在 4 分 $<t<$ 8 分間該金屬的物態為下列何者？　(A)液態　(B)氣態
　(C)固態與液態共存　(D)液態與氣態共存
(2)假設熱源供給的熱完全被金屬吸收，且無其他熱的散失，則該固態金屬
　的比熱為多少 J/kg-K？　(A)10　(B)600　(C)1000　(D)4800

【出處：96 學測】

【解答】(1) C；(2) B
【分析】(1)由題圖看出 4～8 分溫度不變，但熱源持續加熱，故此時應為狀
　　　　態改變，因原來是固態，故此時固液態共存。
　　　　(2) $W = Pt = mS\Delta T \Rightarrow 200 \times 4 \times 60 = 0.1 \times S \times (1100 - 300)$
　　　　$\Rightarrow S = 600\left(\dfrac{J}{kg \cdot k}\right)$

題型切入觀點

　　遇到 T（溫度）VS., t（加熱時間）圖時，正常情況都是屬於正比圖，如果遇到有線平行 t（加熱時間）軸時，就要小心了！代表此題應該跟潛熱或狀態變化有關。

類題

甲、乙、丙三個絕熱容器都盛有 100 立方公分、100℃的開水。將質量都為 10 克，溫度都為室溫的碳、銅、鉛分別放入甲、乙、丙三個容器中。已知碳、銅、鉛的比熱大小順序為碳＞銅＞鉛。若在達熱平衡的過程中，散失的熱量可忽略，則在熱平衡時，比較甲、乙、丙三個容器內的水溫，下列哪一項正確？　(A)甲＞乙＞丙　(B)甲＜乙＜丙　(C)甲＝乙＝丙　(D)甲＜乙＝丙　(E)甲＝乙＜丙　　【出處：97 學測】

【解答】B

【分析】熱平衡時，低溫物體吸熱等於高溫物體放熱。而吸熱物體比熱小，吸熱量少，降溫慢，平衡溫度就高。∴丙＞乙＞甲。

 ## 科學家小傳──卡諾

　　卡諾的父親是法國革命後的政府官員。也當過集權政治時代的拿破崙的軍事大臣，所以卡諾小時侯在宮廷內非常吃香。據說有一天他不見了，大家到處去找的結果發現他在水車旁邊全心貫注想瞭解水車的結構。後來他志向科學，進理工科學校，再進工兵科。

　　他是以卡諾循環留名於科學史的。這件事在一八二四年出版的「關於火的動力的考察」裡面有詳細的說明。他開始研究促進蒸氣機的發展需要的一般性理論，站在「熱素說（將熱看成物質的一種學說）」的立場展開他的理論。他的理論基礎是「熱素的保存」和永久機關不可能」這兩個原理。開始，他指出從高溫物體熱移到低溫物體時才會產生動力。他認為最理想的機關應該具備由帶著活塞的氣缸裡面的氣體所產生的等溫膨脹、絕熱膨脹、等溫壓縮、絕熱壓縮這四種過程的循環過程（卡諾循環）。關於這個過程和相反過程合併的系統，他用永久機關不可能的原理證明「在理想的機械，由於同量的熱素的移動產生同量的工作，而其量只由溫度決定」。這個「卡諾的定律」成為熱力學的基礎。

　　在這些研究的備忘錄，他放棄熱素說，轉成熱的運動說，幾乎到達「能量守恆定律」。可能是為了卡諾不屬於物理學家集團的關係，在一八三四年，他的研究才由克萊培倫介紹。十年後，英國的凱爾文利用他的研究提倡絕對溫度的刻度。再下來，由克勞宙斯完成了熱力學的基礎。

六、熱傳播

1. 傳導

   熱傳導為固體主要傳熱方式。

   傳播速率：金屬＞非金屬＞液體＞氣體

2. 對流

   熱對流的原理是因為密度不均所造成。熱對流為液體、氣體主要傳熱方式。

3. 輻射

   所有物體都能發出熱輻射且不須介質傳遞；顏色越黑越粗糙的物品，越易吸收和放出輻射；相反的，越白越平滑的物品，越難吸收且放出輻射熱。

 物理小講堂

熱水會比冷水快結冰？——彭巴效應

　　彭巴效應（Mpemba 現象），指在同等體積、同等質量和同等冷卻環境下，溫度略高的液體比溫度略低的液體先結冰的現象。

　　亞里士多德、培根和笛卡爾均曾以不同的方式描述過該現象，但是均未能引起廣泛的注意。1963 年，坦尚尼亞的一位中學生彭巴在製作冰淇淋時發現，熱牛奶經常比冷牛奶先結冰，1969 年，他和丹尼斯・奧斯伯恩博士（Denis G. Osborne）共同撰寫了關於此現象的一篇論文，因此該現象便以其名字命名。

　　彭巴現象的原理究竟為何至今眾說紛紜，常見的一種解釋如下：

　　液體降溫速度的快慢不是由液體的平均溫度決定，而是由液體溫度梯度決定的，當熱的液體冷卻時，梯度較大，而且在凍結前的降溫過程中，熱的液體的溫度差一直大於冷的液體的溫度差。這種情況是由於上表面的溫度愈高，從上表面散發的熱量就愈多，因而降溫就愈快。

　　彭巴效應並不是指熱水一定會比冷水先結冰，兩者的溫度如果有較大差異，那麼仍然將是冷水先結冰。

範 例

在日照充足的地方，有些房子的屋頂裝置有太陽能熱水器，附圖所示為其俯視圖，其主要構造有集熱器（虛線框起來的部分）和儲熱桶兩部分。陽光穿過集熱器的透明玻璃蓋，射至黑色的金屬吸熱板，吸熱板吸收了太陽輻射的熱能，經由板上水管管路內的水，將熱傳輸至儲熱桶，加熱桶內的水。儲熱桶的熱水出水口，有水管接至屋內的水龍頭，打開水龍頭就可以使用桶內的熱水。試回答下列問題：

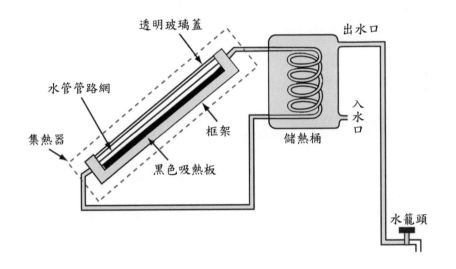

⑴下列敘述，何者為吸熱板使用黑色的最主要原因？　(A)吸熱板骯髒時，黑色比較看不出來　(B)使用黑色吸熱板，可吸收較多的輻射熱能　(C)使用黑色吸熱板，可傳導較多的輻射熱能　(D)使用黑色吸熱板，使水管內的水較易對流

⑵下列有關集熱器的敘述，何者正確？　(A)集熱器傾斜放置是為了使水管內的水較易傳導熱量　(B)在臺灣地區，集熱器面朝正北方時，集熱效果最好　(C)集熱器的框架應使用金屬材料，降低熱量傳導的損失　(D)使用玻璃蓋可使集熱器內產生溫室效應，增加集熱效果

【出處：92 學測補考】

【解答】⑴ B；⑵ D

【分析】⑴黑色容易吸收輻射熱，不易反射輻射熱，可收集較多太陽能。

⑵台灣位於北緯 23.5°左右，也就是北回歸線上。(A)大部分時間太陽光由南邊的方向斜射至臺灣，傾斜較易吸熱。(B)應向南方放置。(C)金屬材料易傳導熱量，易散失熱量。(D)玻璃可吸收紅外線，造成溫室效應，加強地球集熱效果。

題型切入觀點

　　太陽光將熱能傳播至地球，利用的方式是輻射。而我們知道黑色物質易吸收輻射熱（根據光學原理可以得知黑色會吸收全色源的能量）；而白色物質易反射輻射熱（根據光學原理可以得知白色會反射全色源的能量）。

這是在冬山河畔，除了景色很美之外，各位有無發現左下角有座太陽能板！而且因為太陽直射在上面所以板子上面一片光芒。同時由此可以知道太陽能板必須傾斜的原因！

類題

古代商旅在進行鑽石交易時，一個區別真鑽石與玻璃假鑽的簡易方法是將兩者分別放在舌頭上，如果感覺涼涼的就有可能是鑽石。這種判斷經驗主要是基於鑽石具有下列哪一種特性？　(A)鑽石比較堅硬　(B)鑽石的導電性比較低　(C)鑽石的比熱比較小　(D)鑽石的透光率比較高　(E)鑽石比較會導熱　　　　　　　　　　　　　　　　【出處：93學測】

【解答】E

【分析】舌頭感覺涼涼的表示導熱較快。

社區利用太陽能板供給公設設施的發電

科學家小傳──克勞修斯

　　繼卡諾和凱爾文之後，建立熱力學的基礎的就是德國的克勞修斯。卡諾所主張的根據是熱素。可是由於焦耳的實驗，發現熱素這個東西根本不存在。雖然這樣，凱爾文老是捨不得卡諾的熱素說而苦惱萬分。克勞修斯把那些苦惱拋棄。

　　在 1850 年的論文，他用數學式來表達熱力學第二定律，「當熱有所工作時，會消耗與作功成正比的熱」，並引進叫做內能的狀態量。接下，他認為卡諾的學說中只剩下熱素的守恆這個想法必須放棄。他提示若用日常經驗得到的「除開某些力的消耗或事後會留下某些變化之外，熱是不會從低溫處移到高溫處去的」這個事實為基礎，去做正反兩個組合循環的思考實驗就可以證明卡諾的基本原理，「所產生的動力只由所移動的熱量及高低溫二物體的溫度差決定其大小」。他進一步將那些日常經驗得到的事實視作一條法則而達到目的。這就是熱力學的第二定律。

　　在 1854 年的論文，他引進了「熵（Entropy）」的概念。簡單說，熵就是表示雜亂程度的一個量。這個量在可逆過程不會變化，在不可逆過程會變大。像懶蟲的房間，若沒有人替他收拾打掃，房間只會雜亂下去，決不會自然變得整齊。熵的變化，具體來說，跟用絕對溫度除熱量變化的商相等。

　　他是在 1865 年的論文初次用熵這個名字，同時將第一定律及第二定律用於宇宙全體說。

　　1. 宇宙的能量一定。

　　2. 宇宙的熵像著某最大值一直在增大。

　　熵的語源是希臘語的「變化」。在他以後，熱力學由凱爾文，赫爾姆霍茲等人的努力更加發展。波茲曼用氣體運動論，也在建立熱力學基礎的方面做了很大的努力。

　　生物也離不開「熵增大的法則」。今天，我們認為因此生物需要從體外吸收負的熵來抵消熵的增大。

主題六　波動學

主題六　波動學

學測物理必考的10大主題

波動學

- 波的種類
  - 介質有無
    - 力學波（機械波）
    - 非力學波（電磁波）
  - 介質振動方向
    - 橫波（高低波）
    - 縱波（疏密波）
    - 混合波（橫波＋縱波）
  - 連續性
    - 脈波（短暫振動）
    - 週期波（連續規律振動）
- 波的性質
  - 反射定律　入射角＝反射角
  - 折射定律　與法線夾角越大，速度越快

一、波依介質的有無可分為力學波與非力學波

    1. 力學波（機械波）：當介質中的物質偏離其平衡位置而來回振盪，此振盪又能從介質中一處傳播到另一處時，就形成了波。如水波、彈簧波、聲波、地震波。

    2. 非力學波（電磁波）：電磁波是由變動的電場與磁場所產生的，不需介質即能傳播。例如無線電波、微波、光波。

二、依介質的振動方向

    1. 橫波（高低波）：介質質點振動的方向和波前進方向互相垂直者。例如電磁波的任一時刻之電場或磁場方向，均垂直於電磁波傳播方向，也是一種橫波。

    2. 縱波（疏密波）：介質質點振動的方向和波前進方向互相平行者。例如在聲音為縱波。

    3. 混合波：水波傳播時，其介質的質點運動方向既不是縱向也不是橫向，而是橫波與縱波的混合。

三、依連續性可分脈波與週期波

    1. 脈波：若介質僅作一短暫振動，而振動後不再出現波動者，此種波動稱為脈波。

    2. 週期波：波源作連續性有規律之擾動所形成的波動。例如將一條繃緊的繩子其一端固定不動，而另一端以手執之，並在原地附近作上下規則的振動，就能在繩上造成週期波。

數位資訊以 0 和 1 兩種位元所組成的二進位數來儲存或傳送。一電腦所輸出的電壓訊號為 000010000100001⋯的二進位週期性數列,其中 0 和 1 各表示一個位元,而輸出的電壓與時間的關係如附圖所示。若該電腦以 9600 位元／秒的速率將此訊息傳送至喇叭播放,則下列何者最接近喇叭所發出的聲音頻率? (A)9600Hz (B)4900Hz (C)1920Hz (D)960Hz (E)480Hz

【出處:94 學測】

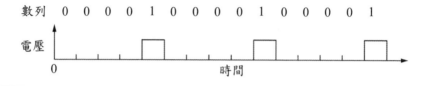

【解答】C

【分析】每 5 位元訊號(波形)重覆一次,故頻率 $f = 9600$ 位元／秒 $\times \frac{1}{5}$ 波形／位元 $= 1920$ 波形／秒,每秒 1920 個波形。$\therefore f = \frac{1}{T} = 1920$(Hz)

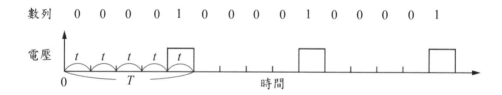

類 題

下列有關空氣中聲波的敘述何者正確？　(A)超聲波的波速超快　(B)頻率愈高的聲波，聲音強度愈強　(C)波峰與波谷之間的距離稱為波長　(D)振幅愈大，聲音強度愈強　　　　　　　　　　【出處：84 學測】

【解答】D

【分析】(A)超聲波是「頻率超高」的波動。

　　　　(B)頻率越高，音調越高與強度無關。

　　　　(C)相鄰兩波峰或相鄰兩波谷之距離才是波長。

　　　　(D)振幅越大，表示能量大，故聲音強度越強。

🔬科學家名言

　　波耳曾說：「每一個艱鉅的難題都暗藏著本身的解答，並且迫使我們改變自己的思維來探尋它。」

四、反射定律與折射定律

1. 反射定律：垂直於邊界的直線就是法線，入射波前進方向線（入射線）與法線的夾角叫入射角 i，反射波的前進方向線（反射線）與法線的夾角就叫反射角 r，則

    (1) 入射線、反射線與法線三者在同一平面上，且入射線與反射線在法線的兩側。

    (2) 入射角 θ_i = 反射角 θ_r。

2. 折射定律：折射波前進方向線與法線的夾角就叫折射角，則

    (1) 入射線、折射線與法線三者在同一平面上，且入射線與折射線在法線的兩側。

    (2) 由速度快的介質進入速度慢的介質，折射角小於入射角，折射線靠近法線；反之，由速度慢的介質至速度快的介質，折射角大於入射角，折射線遠離法線。

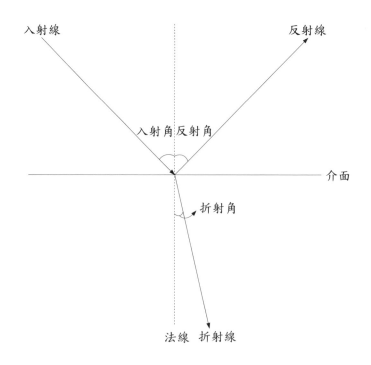

範例

波由波速較慢的介質，入射到波速較快的介質中時，一般都會因折射而偏向，使得折射角大於入射角；當入射角超過一臨界角時，甚至會產生「全反射」，使光線全部反射回到波速較慢的介質中。就光波而言，波速愈快的介質，其折射率愈小。

能使波沿著特定通道傳遞的裝置稱為「波導」，例如光纖。光纖常為細長圓柱體，其各層介質的折射率 $n(r)$ 隨著離中心軸的距離 r 變大而遞減，如附圖㈠附圖所示，故外層介質的折射率 n_2 大於空氣折射率 n_0，但小於柱芯折射率 $n(r)$。光線由光纖左端進入後，由於連續的折射，會如附圖㈡所示在光纖中心軸附近沿著來回彎曲的路線，向右前進。在海中，聲速會隨海水深度而變，因此聲音在特定的海水深度範圍內，可藉由折射而不停的改變方向，沿著水平方向前進（類似附圖㈡中的光線沿著光纖中心軸來回彎曲，迂迴前進），形成波導，使海中的聲音可以傳得很遠，此波導稱為「深海聲波道」。

在空氣中，聲速只與空氣溫度有關，但在海水中，聲速主要由溫度與壓力決定，溫度愈高或壓力愈大，聲速就愈快。在深度超過 1km 的深海區，海水溫度幾乎不隨深度而變，故聲速只與壓力有關。附圖㈢為海中聲速與深度的關係圖。

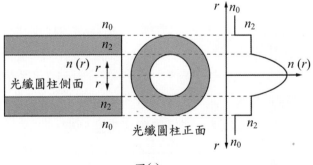

圖㈠

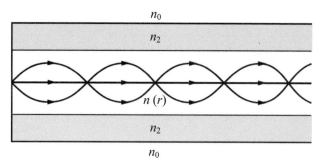

圖(二)

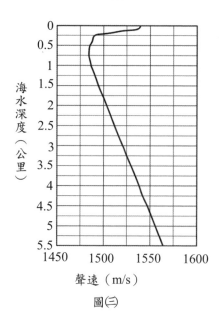

聲速（m/s）

圖(三)

(1)如附圖所示的長直光纖，柱芯為玻璃，外層以折射率較玻璃為低的介質包覆。若光線自光纖左端進入，與中心軸的夾角為 θ，則下列有關此光線傳遞方式的敘述，何者正確？ (A)不論 θ 為何，光線都不會發生全反射 (B)不論 θ 為何，光線都會發生全反射 (C)θ 夠小時，光線才會發生全反射 (D)θ 夠大時，光線才會發生全反射

(2)依據附圖(三)，在下列哪一個海水深度範圍，其聲速隨深度變深而下降最快？ (A)100～200m (B)400～500m (C)700～800m (D)1000～1100m

(3)在「深海聲波道」中傳遞的聲波，會因折射產生偏向，而類似在光纖中傳遞的光線，不斷折回波導的中心軸，不會遠離此軸而去。依據附圖(三)，就此深海聲波道而言，此中心軸在海下的深度，約為下列何者？

(A)10m　　(B)100m　　(C)400m　　(D)700m　　　　【出處：98學測】

【解答】(1) C；(2) A；(3) D

【分析】(1)全反射又叫「全內反射」，當光線通過折射率不同的兩種介質時，部分會反射回介質，部分會進入另一介質，並且發生偏折，稱為「折射」。但是當入射角超過某一角度時，光線不會進入另一介質，而會完全反射，此角度稱為「臨界角」，入射角大於臨界角，才會發生全反射；也就是說，入射角越大，越有可能發生全反射。如圖所示：中心軸與介面平行。入射角為$(90-\theta)°$。θ越小，入射角越大，就越容易發生全反射。

(2)隨深度變深而聲速下降最快的深度，為 100M～200M 間

(3)發生折射是因為在不同介質中，波的行進速度不同，一般而言，波從低速介質到高速介質較易發生全反射，所以中間及中心軸區域應為聲速最小的深度，看圖應為 600～700M。

水明明應該是藍的怎麼會是綠的呢？因為光照到葉子反射到湖面上的原因。（攝自於宜蘭羅東梅花湖）

救難隊欲發射拋繩器，以繩索連接河谷兩岸。一名隊員連續拍手，估計對岸峭壁距離。他愈拍愈快，當 6 秒拍手 20 次時，拍手節奏與回音同步。已知空氣中聲速為 340 公尺／秒，則該隊員與河谷對岸峭壁的最短距離約為多少公尺？ (A)340 (B)120 (C)100 (D)50 (E)20

【出處：99 學測】

【解答】D

【分析】拍手節奏與回音同步，表聲音來回所花費的時間與週期相等。

$f = 10/3 \text{Hz}$

$T = 0.3 \text{sec}$

距離＝速率 × 時間＝$340 \times 0.3 \times 0.5 = 51$

太陽想要躲在山後了！（攝自於宜蘭蘇澳內埤海灘）

五、波的干涉與繞射

1. 當兩波相會時，若兩波的波峰（或波谷）皆同時抵達同一地點，即兩波波峰（或波谷）到達該點的時間間隔為零時，則稱兩波在該點為同相。兩波同相干涉時，可產生最大的振幅，稱為完全相長干涉，或稱為完全建設性干涉。

2. 當兩波相會時，若一波的波峰和另一波的波谷同時抵達同一地點時，則稱兩波在該點為反相。兩波反相干涉時，可產生最小的振幅，稱為完全相消干涉，或稱為完全破壞性干涉。若兩波的振幅相等，當它們反相干涉時，其所生合成波的振幅為零。

3. 波通過障礙物或小孔邊緣時，其行進方向改變的現象，稱為繞射。

 ## 科學家小傳——惠更斯

　　惠更斯是荷蘭人，1629 年出生在海牙，惠更斯的父親是個外交官，所以家境富裕。惠更斯年少聰慧，跟著父親學習，父親常稱他"我的阿基米德"。進入萊頓大學後，惠更斯主修法律和數學，後開始研究光學，並對天文產生濃厚興趣。獲得博士學位之後，惠更斯先後訪問了倫敦和巴黎，結識了許多當時有名的科學家，包括牛頓。並且成為第一位英國皇家學會外國會員及巴黎科學院唯一接受的外國會員。

　　惠更斯的光學研究具有很重要的地位。在他之前牛頓提出了光是微粒性的微粒說，但卻無法解釋當光交叉時不會發生碰撞而使角度改變的問題，而產生實際與理論矛盾的現象。因此惠更斯提出了光的波動說，更可用來解釋光的反射與折射現象，現在我們也以光是電磁波來解釋光波的現象。

　　而惠更斯對單擺的研究動力最主要是源自於他對天文學的興趣，他在觀察天體時發現精確測量時間的重要性，因而致力於計時工具的研究。

　　惠更斯在他最愛的天文學上也有其貢獻，他發現了土星最大的衛星土衛六、獵戶座大星雲，還有土星環。回到故鄉海牙後，惠更斯過著孤獨的晚年，終生未婚，於海牙逝世享年六十六。

附圖甲、乙是 $t=0$ 時的兩個行進波,其振幅 A、波長 λ 以及週期 T(波行進一個波長所需時間)相同但行進方向相反,它們各點的振幅相加而成一駐波,如附圖丙;在 $t=\dfrac{T}{2}$ 時,駐波的波形將變成下列何種波形?

【出處:96 學測】

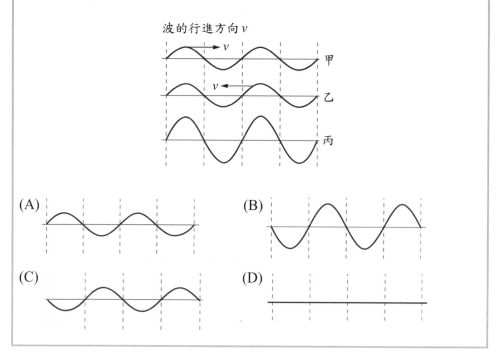

【解答】B

【分析】時間經過 $T/2$,波形前進半個波長,若把附圖分成 A、B、C、D 四區,則 $T = T/2$ 時,甲、乙兩波波形在 A 區均在平衡位置下方,相加的駐波,恰與丙上下顛倒,故選(B)

兩聲源（揚聲器，俗稱喇叭）以相同的方式發出同頻率，同強度的相干聲波。附圖弧線所示為某瞬間，兩波之波谷的波前。A、B、C、D、E 代表五位聽者的位置，有關這五位聽者，下列敘述何者正確？ (A)A 聽到的聲音最強 (B)A、C 聽到的聲音一樣強 (C)B 聽到的聲音最弱 (D)A 聽到的聲音最弱 (E)B、E 聽到的聲音一樣強 【出處：92 指考】

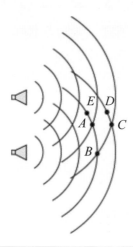

【解答】A

【分析】⑴A、B、C 三點的位置如圖所示，此時恰好兩波源發出的聲波至 A、B、C 三點均為波峰疊加處，振幅最大，但是聲音強度會隨著距離增加而遞減。故響度大小順序應為 $A > B > C$。

⑵靠上方的波源發出的波傳至 D、E 兩點時為波峰，靠下方的波源發出的波傳至 D、E 兩點時為波谷，波峰波谷疊加時，會互相抵銷，振幅最小，所以聲音的響度也較小。而且聲音的強度會隨距離增加而遞減，故響度大小順序為 $E > D$。

六、聲波

1. 聲音產生條件：
   (1) 物體發生急速震動。（每秒震動達 20 次以上）
   (2) 要有介質的環境
2. 影響聲音傳播的因素
   (1) 介質：固體 > 液體 > 氣體；密度大 > 密度小
   (2) 溫度：溫度越高速率越快；
   $$V = 331 + 0.6 \times T(℃)\ ;\ V = \frac{距離}{時間}$$
   (3) 溼度：溼度大 > 溼度小
   (4) 風向：順風 > 逆風

 ## 科學家小傳——赫茲

　　赫茲，德國著名的物理學家，1857 年 2 月 22 日出生於德國漢堡，赫茲來到了柏林大學，並有幸在物理大師亥姆霍茲（Helmholtz）手下學習和工作，於 1894 因血液中毒逝世，享年 37 歲。赫茲以實驗產生及接收電磁波，證明了麥克斯威的電磁理論。後人為了紀念赫茲的成就，便把無線電波的頻率單位·每秒振動一次，以赫茲的名字命名，以表揚他的貢獻。

　　利用一對金屬棒，點對點放置，中間隔一小縫隙用來產生放電火花，當金屬棒被給予正負電荷強到足以產生放電火花時，電流會沿著金屬棒及跨越縫隙而前後振盪，這種振盪器能產生頻率極高的電振盪，足以使接收的迴路次級線圈縫隙產生火花，完全使附近的絕緣體介質極化，證明麥克斯威爾位移電流的假說。

　　隨後，赫茲更證明了電磁波的速度等於光波，赫茲最後證明電磁波和光波的同一性。在赫茲的實驗成功之時，赫茲卻只是說「沒有什麼用，這只是一個實驗，驗證了麥克斯威是正確的，我們確實擁有這些我們裸眼看不到的電磁波，但它們的確存在。」很快地，赫茲的成就被視為是一個新的電子時代的開始。英國著名的數學物理家奧利夫·亥維賽這樣說「三年前，電磁波到處都不存在，很快地，它們卻無所不在。」

某聲波在空氣中傳播時的頻率為f_1，波長為λ_1，當折射進入水中傳播時的頻率為f_2，波長為λ_2，則下列的關係，何者正確？ (A)$f_1 = f_2$ (B)$\lambda_1 = \lambda_2$ (C)$f_2 > f_1$ (D)$\lambda_2 < \lambda_1$

【出處：96 學測】

【解答】A

【分析】設空氣中的聲速為V_1，水中的聲速為V_2，而且聲音在傳遞時，頻率不改變，則$V_1 = f_1 \cdot \lambda_1$，$V_2 = f_2 \cdot \lambda_2$，∵聲音在水中的速度比在空氣中要快，$V_1 < V_2$而且$f_1 = f_2$，因此$\lambda_1 < \lambda_2$

林業文化園區內利用竹子做出的樂器，各位能知道音調的高低？

七、樂音三要素

1. 音調：音調主要是由聲音的頻率決定，但聲音的強弱對音調也有影響。

   (1)頻率愈高的聲音，聽起來音調也愈高；反之，頻率愈小，就愈低沉。

   (2) 100 赫的聲音由弱轉強時，聽起來音調會降低。

   (3)人類聲帶發音的頻率約在 80～1000 赫之間。一般男聲的頻率約在 95～142 赫之間，而女聲則約在 272～558 赫之間，所以女人說話的音調較男人的音調高。

2. 強度與響度

   (1)聲音的強弱程度稱為聲音強度（聲音音量），指的是每秒垂直通過一平方公尺面積上的聲波能量。聲音強度的單位為焦耳／秒‧公尺^2。

   (2)比較兩種聲音的強度時，通常採用強度級制，其單位為分貝（dB）。分貝所表示的是聲音的相對強度，一般為避免與聲音強度混淆經常稱之為分貝值，但如果不會被誤解時，亦常將之稱為聲音強度。

   (3) 0 分貝：聲音的標準強度 $I_0 = 10^{-12}$ 瓦特／公尺^2

   (4)分貝值與強度關係

強度	分貝值	強度大小關係
10^{-12} 瓦特／公尺^2	0	1
10^{-11} 瓦特／公尺^2	10	10
10^{-10} 瓦特／公尺^2	20	10^2
10^{-9} 瓦特／公尺^2	30	10^3

3. 音色

   音色（或稱音品）是指聲音的特色，這是我們分辨不同聲音的重要依據。音色的差別主要來自於聲音波形的不同。

人們常用分貝來描述聲音,下列有關分貝的敘述哪一項正確? (A)分貝是音調的單位 (B)零分貝時,空氣分子的振動振幅不為零 (C)演唱會聲音超過 100 多分貝對身心毫無傷害 (D)40 分貝聲波所傳播的能量恰是 20 分貝聲波的 2 倍 【出處:95 學測】

【解答】B

【分析】(A)分貝為響度的單位。

(B)零分貝是人類耳朵可聽到的聲音最小值時,空氣分子仍然有振動,只是一般人可能聽不到。

(C)一般而言,音量超過 80 分貝太高,對人的身心,都可能有傷害。

(D)每增加 10 分貝,能量也會增加十倍,所以 40 分貝的能量,為 20 分貝的 100 倍。$\dfrac{I_{40}}{I_{20}} = 10^2 = 100$(倍)。

利用竹子製作的木琴

可聞聲的頻率範圍大約為 20 赫至 20000 赫。某人由於長期在高分貝的環境下工作，聽力受損，他能聽到最微弱聲音的分貝值較聽力正常者高出 d，附圖為 d 隨頻率的變化情形。下列有關此人聽力的敘述，何者正確？
(A)此人與同車內聽力正常者比較，會覺得汽車的隔音效果較差　(B)在低音調的部分，此人的聽力，比聽力正常者為佳　(C)在高音調的部分，此人的聽力，比聽力正常者為佳　(D)此人會覺得親友說話的音調比以往為低

【出處：91 學測】

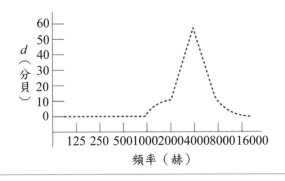

【解答】D

【分析】(A)此人在 1000～16000 赫茲需較大聲響才能聽見，所以與正常人相比，他會誤以為隔音效果較好。

(B)在 1000 赫茲以下，此人的聽力完全正常，與常人無異。

(C)此人在 1000～16000 赫茲需較大聲才可聽見，表示此人在此頻率範圍內的聽力較正常人差。

(D)此人的聽力在 1000 赫茲以下完全正常，但超過 1000 赫茲時，聽力較差，因此親朋好友講話時，此人對於高頻的講話聲，可能較無法聽見，只能聽見較低頻部分。此人會覺得親友說話的音調較低沉。

八、光的微粒說與波動說

1. 微粒說：牛頓認為光是由一群高速作直線運動，具有完全彈性的微粒組成。

   (1)假設

      ① 光質點的速率極高；光質點為完全彈性體。

      ② 光質點的質量極小，但仍受重力與鄰近物質分子力的影響；不同的色光代表不同的質點。

      ③ 光質點的體積極小，分布稀疏，故交會時互不影響。

   (2)可以解釋的現象

      ① 光的直進現象。

      ② 光的反射定律。

      ③ 光的折射定律。當光從空氣進入水中，光粒子受到水的吸引，會偏向法線，且速度變快。

      ④ 光的色散現象。

2. 波動說：惠更斯認為光是一種波動，而波前上任一點都可視為一個新的點光源，可向四面八方發出光波。

   (1)假設

      ① 波前上各點可視為新的點波源，以其為圓心或球心，各自發出圓形波或球面波。

      ② 在某一時刻，和這些圓形波或球面波相切的線（稱為包絡線）或面（稱為包絡面），即為新的波前。

   (2)可以解釋的現象

      ① 光的直進現象。

      ② 光的反射定律。

      ③ 光的折射定律。光從空氣進入水中，就波動說而言，光的波長變短，速度會變慢而偏向法線。

      ④ 部分反射與部分折射。

⑤ 光的色散現象。

⑥ 光的偏振現象。

⑦ 光的干涉與繞射現象。

宜蘭海邊的天空（攝於宜蘭內埤海灘）

想一想：

當沒有雲時，天空還會是藍色的嗎？

若不是，海邊天空為何是藍色的呢？

以太陽作光源，地球和月球在一個月中相對位置關係的示意圖，如附圖所示（未按比例繪製）。地球和月球上的白色區域代表受光面，黑色區域代表背光面。甲、乙、丙、丁四點分別代表在一個月中月球與地球相對的四個位置。則臺灣地區的人在 2005 年 10 月 17 日晚間，可看到難得一見的「月偏蝕」，當天月球應在哪一個位置？

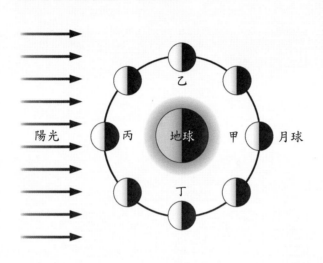

(A)甲　(B)乙　(C)丙　(D)丁　　　　　　　　【出處：95 學測】

【解答】A

【分析】(1)日蝕：地球看太陽時，太陽被月球的影子擋住，三者的相對位置為日月地。又可細分為日偏蝕、日全蝕與日環蝕。

(2)月蝕：地球看月球時，月球被地球的影子擋住陽光，三者的相對位置為日地月。又可細分為月全蝕、月偏蝕與半影月蝕。

故選(A)

小華透過護目鏡直接仰望觀測日食,發現日偏食的缺角在西北方。當時小華低頭摘下護目鏡,看見地上樹蔭中有小小的日食光影。下列何者為樹蔭中的日食光影缺角的方位? (A)東北 (B)東南 (C)西北 (D)西南 (E)光影無缺角 【出處:99學測】

【解答】B

【分析】針孔成像的成像性質為上下顛倒、左右相反的實像。因此原西北方的缺角會在東南方。

內埤海岸的全景

第98頁想一想的答案:
各地的天空不一定都是藍色的。
台灣的天空之所以是藍色的,是因為台灣四處環海太陽光照射到海上,反射到天空中形成的。

九、面鏡與透鏡成像

1. 面鏡

鏡別	物的位置	像的位置	實虛	像正立倒立	放大縮小
凹面鏡	無窮遠處	焦點上	實		一點
	兩倍焦距之外	兩倍焦距與焦距間	實	倒立	縮小
	兩倍焦距上	兩倍焦距上	實	倒立	相等
	兩倍焦距與焦點間	兩倍焦距之外	實	倒立	放大
	焦點上	無窮遠處			
	焦點至鏡頂間	鏡子後面	虛	正立	放大
凸面鏡	無窮遠處	在鏡子後面焦點上	虛		一點
	無窮遠處至鏡頂間	在鏡子後面焦點與鏡頂間	虛	正立	縮小
平面鏡	鏡前	鏡後	虛	正立	相等

2. 透鏡

鏡別	物的位置	像的位置	實虛	像正立倒立	放大縮小
凸透鏡	無窮遠處	焦點上	實		一點
	兩倍焦距之外	兩倍焦距與焦點間	實	倒立	縮小
	兩倍焦距上	兩倍焦距上	實	倒立	相等
	兩倍焦距與焦點間	兩倍焦距之外	實	倒立	放大
	焦點上	無窮遠處			
	焦點至鏡心間	鏡子前面	虛	正立	放大
凹透鏡	無窮遠處	在鏡子前面焦點上	虛		一點
	無窮遠處至鏡心間	在鏡子前面焦點與鏡心	虛	正立	縮小

3. 眼鏡的度數：

$$度數 = \frac{100}{焦距}$$

秀玉有近視眼，經醫生檢查後她需配戴 500 度的近視眼鏡。此眼鏡之鏡片應為下列何種透鏡？　(A)焦距為 20 公分的凹透鏡　(B)焦距為 20 公分的凸透鏡　(C)焦距為 5 公分的凹透鏡　(D)焦距為 5 分分的凸透鏡

【出處：96 學測】

【解答】A

【分析】近視眼鏡應為凹透鏡，$\therefore 500 = \dfrac{100}{f}$，$\therefore f = 0.2$（m）＝20（cm）。

蘇仕老師 800 度的近視眼鏡

一般家用平面鏡是由一定厚度的透明玻璃片，在其中一面鍍上不透光金屬膜製成。小明注意到若用鉛筆尖直接抵住鏡面時，鉛筆尖的像與筆尖有一小段距離，估計該小段距離是鏡面玻璃片厚度的兩倍。依據上述，家用平面鏡使物體成像的主因，是下列敘述的哪一項？ (A)由光在透明玻璃片表面反射造成 (B)由光在透明玻璃片表面折射造成 (C)由光進入且透過透明玻璃片，再被另一面的玻璃面反射造成 (D)由光進入且透過透明玻璃片，再被塗在另一玻璃面上的不透光金屬膜反射造成

【出處：97 學測】

【解答】D

【分析】平面鏡成像為反射造成，玻璃可透光，有可能發生反射或折射，所以像應由底面的不透光金屬膜反射而造成。若由玻璃反射，根據平面鏡成像原理，物距等於像距，則筆尖與像應該無距離。

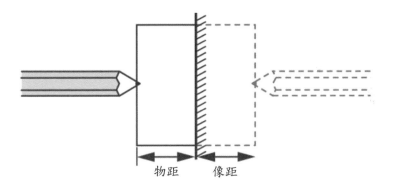

物距　　像距

十、光與電磁波

1. 電磁波的性質

   (1)電磁波是一種橫波,電場和磁場在垂直於電磁波前進方向的平面上起伏變化、交互感應,兩者也互相垂直。

   (2)電磁波的傳播不需判質,因此在真空中也能傳播電磁能量。

   (3)所有電磁波在真空中的速度都相同,與波長的長短(或頻率高低)無關。此速度即為真空中的光速 c,目前公認的精確值為 $c = 299792458$ 公尺/秒。

2. 波長約在 380 奈米～770 奈米範圍內的電磁波稱為可見光,依波長由長而短可分成紅、橙、黃、綠、藍、靛、紫等七種顏色的光波,這正是陽光透過三稜鏡分解所呈現的七種顏色光。科學家發現人眼的視網膜有三種角錐細胞可以感受顏色,只要將紅、綠、藍三種色光作適當的混合,就可生成所有人眼能感受的顏色,所以紅、綠、藍(RGB)稱為光的三原色。

原色	混成顏色	原色	混成顏色
紅＋綠	黃	紅＋綠＋藍	白
紅＋藍	洋紅	黃＋藍	白
綠＋藍	青	洋紅＋綠	白
		青＋紅	白

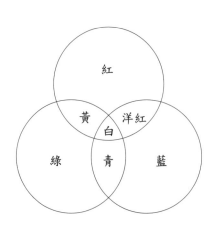

大英博物館中收藏一只四世紀的羅馬酒杯，其獨特之處為：白天在光線照射下，酒杯的顏色是綠色的；晚上若燈光由內透射，則呈紅色。也就是說，它具有反射光與透射光為互補光的特徵。（兩道光為互補光的意義為此兩道光可合成為白色光。）分析這只酒杯的化學成分，發現和現代無色透明玻璃相近，主要成分均為二氧化矽。比較特別的是含有金、銀混合比例 3：7 的奈米顆粒，其粒徑約為 70 奈米。下列相關敘述，何者正確？
(A)1 奈米等於 10^{-9} cm　(B)玻璃日夜顏色不同是二氧化矽的主要特徵
(C)金屬奈米顆粒對紅光和綠光的反射能力約相同　(D)羅馬酒杯中的金屬奈米顆粒對綠光的反射能力高於對紅光的反射能力　(E)羅馬酒杯中的金屬奈米顆粒對綠光的吸收能力高於對紅光的吸收能力 【出處：99 學測】

【解答】D

【分析】(A)奈米為 10^{-9} 公尺

(B)此玻璃的主要成分與現代無色透明玻璃相同，均為二氧化矽，這並不是日夜照光不同色的主要原因。

(C)根據題意，奈米顆粒對於紅光、綠光的反射力不同，在白天，杯子看起來是綠色是因為反射綠光。

(D)正確

(E)由題目敘述無法得知奈米顆粒對紅光及綠光吸收能力的大小。

類 題

我們眼睛的視網膜中有三種辨色視覺細胞，其感光中心波長分別約為 600 奈米（紅光）、550 奈米（綠光）、450 奈米（藍光）。下列何者可以造成黃色的視覺？　(A)500 奈米的色光　(B)580 奈米的色光　(C)650 奈米的色光　(D)等量的 450 奈米與 550 奈米的色光混合　(E)等量的 600 奈米與 550 奈米的色光混合　　　　　　　　　　　　　　　【出處：94 學測】

【解答】BE

【分析】光的三原色為紅綠藍，沒有黃色，故黃色為混色光，黃光為紅光加綠光。以可見光譜來看，黃光的位置在紅光與綠光之間，故波長應在 600 奈米～550 奈米之間。

在火車上偶然相遇的彩虹

十一、都卜勒效應

1. 聲波的都卜勒效應

    ⑴當聲源 S 向右方前進,右方的聲波波長會變短,左方的聲波波長會變長。但由於聲速不變(假設聲源速度低於聲速),因此位於右方的靜止觀察者 O1 會聽到較高的音調,位於左方的靜止觀察者 O2 則會聽到較低的音調。

    ⑵聲源不動,位於右方的觀察者向左接近聲源,由於波長不變,觀察者每單位時間所接收的波數會較靜止時多些,故聽到的音調較高。反之,若位於右方的觀察者向右遠離聲源,則觀察者每單位時間所接收的波數會較靜止時少些,故聽到的音調較低。

2. 光波的都卜勒效應

    ⑴當光源與觀察者無相對運動,星球所呈現的光譜為正常值。

    ⑵當光源與觀察者相對遠離,則光波的頻率會降低,也就是說星球所呈現的光譜會往較長波長的紅光方向偏移,稱為紅移。

    ⑶當光源與觀察者相對接近,則所見光波的頻率會增加,也就是說星球所呈現的光譜會往較短波長的藍光方向偏移,稱為藍移。

已知無風時，空氣中的聲速是 v_0。而某日風速為 w，一輛警車以速度 u（$w < u < v_0$）在筆直的公路上前進。假設 u、w 方向相同，在某一時間，車上的警笛開始響起，這時在它正前方距離 L 處的靜止聽者，過了多少時間後才會開始聽到警笛聲？　(A) $\dfrac{L}{v_0}$　(B) $\dfrac{L}{v_0 + w}$　(C) $\dfrac{L}{v_0 + u - w}$

(D) $\dfrac{L}{v_0 + u}$　(E) $\dfrac{L}{v_0 - u + w}$

【出處：97 指考】

【解答】B

【分析】波源運動，並不會影響波速，聲音是一種波，波的行進速度與介質有關，而與波源無關。風是空氣分子運動。因此速度為 $v_0 + W$，所以時間應為 $\dfrac{L}{v_0 + w}$

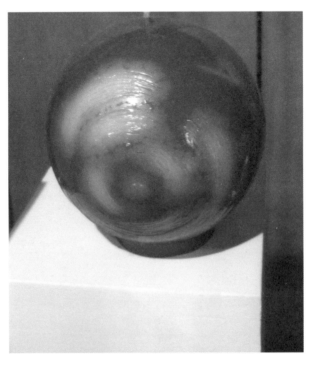

猜猜看這是什麼？

很像從外太空看地球的感覺（攝自於宜蘭羅東林業文化園區）

某輛救護車的警報器發出頻率為 1600Hz 的聲音。當此車以 20m/s 的速率正對著站立在路旁的某人接近時，此人所聽到聲音的頻率為多少？（假設聲速為 340m/s）　(A)1750Hz　(B)1700Hz　(C)1650Hz　(D)1600Hz　(E)1550Hz

【出處：93 指考】

【解答】B

【分析】$f_n = \left(\dfrac{v \pm v_0}{v \mp v_s} \right) f$

答案就是可以燒 40 小時的蠟燭（攝自於宜蘭羅東文化園區-燭藝工作室）

科學家小傳——都卜勒

　　都卜勒奧國物理學家、數學家，雖然他只出版一本有關算數和代數的著作，但卻發表許多篇重要的科學論文，其中最重要的是 1842 年發表的都卜勒效應，這個效應在 1850 年被廣泛應用於解釋幾種令人困惑的天文學現象。

　　1803 年 11 月 29 日，都卜勒生於薩爾斯堡（Salzburg）一個富裕石匠的家族，他因為身體虛弱，所以沒有繼承父親的事業。年輕時就展現數學才華。就學於維也納工業學院並於 1825 年畢業，畢業後先任教於布拉格的中學，1829 年在施坎尼支（Schemnitz）的礦業學院擔任數學助教，1829~1833 年，完成第一篇數學和電學的論文。1841~1847 年成為布拉格理工學院的數學教授，1847~1849 年，在舍姆尼茲（Schemnitz）礦業大學任數學教授。1850 年維也納大學皇家帝國大學物理學院教授兼實驗室主任。這是他職業生涯的最高點，有一次都卜勒在審查帝國大學的入學候選人中，有一個 20 歲的修士叫孟德爾（GregorMendel），他覺得他的數學能力普通，就將孟德爾拒絕進入大學，孟德爾後來成為遺傳學的一代宗師。1852 年曾受到奧地利數學家，佩茲瓦爾（JosephPezval）的批判，但他說批判的數學論證是錯誤的，為了維護其理論，他作出正確的反駁。除了「都卜勒效應」外他還有光學、電學、幾何學的著作。1853 年 3 月 17 日，因肺炎在義大利的威尼斯去世，終年 49 歲。

主題七　電磁學

主題七　電磁學

學測物理必考的10大主題

電磁學

静電
— 靜電感應與感應起電
— 靜電力　$F = k\dfrac{q_1 q_2}{r^2}$

歐姆定律
— 電流　$I = \dfrac{q}{t}$
— 電壓　$V = \dfrac{E}{Q}$
— 電阻　$R = \dfrac{V}{I}$

電流熱效應
— 電能　$E = qV = IVt = I^2 Rt = \dfrac{V^2}{R}t$
— 電功率　$P = \dfrac{E}{t} = \dfrac{qV}{t} = IV = I^2 R = \dfrac{V^2}{R}$

家庭用電
— 電力輸送
　　— 直流電
　　— 交流電
— 供電方式
　　— 供電電壓
　　— 插座插孔

```
                                          ┌─────────────┐
                                          │  庫侖定律    │
                                          └─────────────┘
┌──────┐            ┌──────────┐          ┌─────────────┐
│ 電    │            │ 馬克士威  │          │  法拉第定律  │
│ 磁    │────────────│ 電磁理論  │          └─────────────┘
│ 學    │            │          │          ┌─────────────┐
└──────┘            └──────────┘          │  磁力線封閉  │
                                          └─────────────┘
                                          ┌─────────────┐
                                          │  安培定律    │
                                          └─────────────┘
```

 ## 科學家小傳──安培

　　法國革命後，大部份的學者都集中在理工科學校中活躍。以解析力學聞名的拉克蘭裘、研究熱傳導的弗里埃等也在其中。安培也是其中之一。他在法國的里昂出生，一八○九年成為理工科學校教授。然後於一八一九年成為巴黎大學教授。

　　一八二○年，埃爾斯狄特的有關電波及磁的發現傳到巴黎的學會來。在一個星期後，安培在學會提示兩條平行的鐵線內的電流如果流向相同會互相吸引，若流向相反就會互相排斥這個事實。從那個時候開始，安培繼續做了三年的實驗。然後將實驗結果整理，於一八二三年發表。這就是他的有關電力學的論文。

　　安培非常崇拜牛頓。所以當他要開始研究電磁現象時，他採取了牛頓力學的方法，認為能發現力的公式就該滿足。認為厄斯特說的「電的顫動」這種想法不對。

　　在安培的電力學中相等於牛頓力學的質點的就是「電流要素」，等於是電流中的極短一部份。安培根據一個基本假定和四個基本實驗事實成功地導出在兩個電流要素之間作用的力。

　　在有關電力學論文中，安培的論證方法及其結論的公式非常完美，對以後的電學影響很大。可是他始終無法達到法拉第的電磁感應。所以再由韋伯和諾伊曼等人繼續研究並改良。後來導出表示「安培的定理」公式的馬克士威稱讚安培為「電磁學中的牛頓」。現在在國際單位系中的電流單位 A（ampere，安培）就是他的名字的英語發音。

一、感應起電

　　靜電感應：帶電體接近（不接觸）物體時，使正負電荷分開的現象。

　　1. 靠近帶電體的一端感應異性電，遠離帶電體的一端感應同性電。

　　2. 這些被感應而出的電荷稱為感應電荷。

　　3. 感應電荷量和導體距帶電體的距離及帶電體電量多寡有關。通常距離愈短、帶電體電量愈多，所產生的感應電荷量愈多，反之愈少。

　　4. 感應電荷量比原來帶電量少或相等。

 科學家名言

　　諾貝爾物理獎得主楊振寧曾說：「中國留學生學習成績往往比一起學習的美國學生好得多，然而十年以後，科研成果卻比人家少得多，原因就在於美國學生思維活躍，動手能力和創造精神強。」

富蘭克林為研究雷電現象，設計了如附圖所示的裝置。他將避雷針線路與
接地線分開，並在分開處裝上帽形的金屬鐘 A 與 B，兩鐘之間另以絲線懸
吊一個金屬小球 C，A 鐘下方另以導線連接兩個很輕的金屬小球，形成驗
電器 D。當避雷針上空附近的雲不帶電時，三個小球均靜止下垂。依據以
上所述，並假設驗電器周圍的空氣不導電，試回答⑴-⑵題。

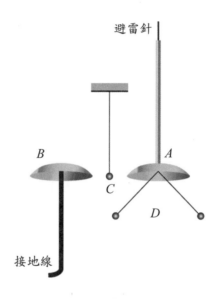

⑴當低空帶電的雲接近避雷針頂端時，下列有關小球 C 的敘述，何者正
　確？　(A)小球會保持靜止下垂，不會擺動　(B)小球會在 A 與 B 間擺
　動，來回撞擊 A 與 B　(C)小球會先擺向 A，撞到 A 後被 A 吸住，不再分
　離　(D)小球會先擺向 B，撞到 B 後被 B 吸住，不再分離

⑵驗電器 D 的兩個小球原本靜止下垂，互相接觸。當避雷針因為帶有負
　電的雲接近，而出現尖端放電時，下列有關驗電器上兩個小球的敘述，
　何者正確？　(A)兩個小球會帶負電而分離，並保持張開，不相接觸
　(B)兩個小球會帶正電而分離，並保持張開，不相接觸　(C)兩個小球會
　帶負電而分離，在張開後會再次下垂，並互相接觸　(D)兩個小球會帶
　正電而分離，在張開後會再次下垂，並互相接觸　【出處：98 學測】

【解答】⑴ B；⑵ A

【分析】⑴一開始小球 C，受 A 端帶負電而吸引；接觸 A 端後也帶負電，而排斥向 B 運動。碰到 B 後，因 B 端接地而不帶電，又被 A 端吸引，然後會重覆上述過程，來回撞擊 A 與 B。

⑵由於感應起電的緣故，兩小球會帶負電而分離，再因尖端放電，兩小球帶電量而增加，故並不會下垂接觸反而保持張開。

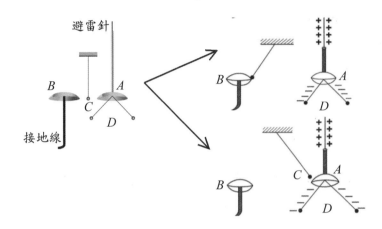

題型切入觀點

　　藉外界帶電物體的靠近，使原為電中性的物體內部產生正、負電荷分離的現象，稱為靜電感應（electrostatic induction），較適合導體使用。如電風扇的葉面與空氣摩擦後帶電，再使附近的灰塵被感應帶電，而吸住近灰塵，造成葉面隨著時間變久了而愈來愈髒。

類題

科學博覽會實驗者站在塑膠凳子上，以手指接觸高達上萬伏特高電壓的金屬球，但見他頭髮直豎，人卻安然無恙。下列的物理解釋何者正確？
(A)手指接觸高電壓金屬球後，頭髮帶同性電荷，所以頭髮直豎　(B)手指接觸高電壓金屬球後，頭髮與高電壓相斥，所以頭髮直豎　(C)手指接觸高電壓金屬球後，塑膠凳將身體電荷導入地面，故不被電擊　(D)身體雖與高電壓金屬球等電位，但因塑膠凳將身體與地面隔絕，故不會被電擊
(E)人體為電的不良導體，故不會被電擊　　　　　　【出處：96學測】

【解答】AD
【分析】以手指接觸高電壓金屬球後，與金屬球等電位，頭髮帶同性電荷，
　　　　所以頭髮直豎，而塑膠凳使身體與地面隔絕，故人不會被電擊。

題型切入觀點

　　絕緣體：不易導電的物體叫作絕緣體，如橡膠、玻璃、油、木板等，主因是內部沒有自由電子。

　　導體：容易導電的物體叫做導體，如人體、石墨、金屬等，主因是內部有自由電子，而溶液內部則有大量可自由移動的正負離子。

　　導體與絕緣體沒有絕對的界限，在一定的條件下，絕緣體可以變成導體。如：玻璃是絕緣體，但加熱的熾熱狀態時，卻能增強其導電能力。

將竹炭精煉度提高可製成導電竹炭片（攝於宜蘭羅東林場園區，生態竹屋）

二、靜電力

1. 庫侖定律：

   兩帶電體之間的靜電力與攜帶電荷乘積成正比，與距離平方成反比，即 $F \propto \dfrac{q_1 q_2}{r^2}$；在兩點電荷連線方向上，同性電為排斥力，異性電為吸引力。

2. 電量 q 的單位為庫侖（C）；1；庫侖 ＝ 6.24×10^{18} 個電子總電量；一個電子的電量為 1.60×10^{-19} 庫侖；一莫耳電子的電量為 96500 庫侖。

竹炭能導電的原因（攝於宜蘭羅東林業園區，生態竹屋）

如附圖所示，在一直線上有兩個點電荷。電量為 $+4Q$ 的點電荷固定於 $x = 5a$，電量為 $-Q$ 的點電荷固定於 $x = 9a$。將一點電荷 $+Q$ 置於直線上何處時，此 $+Q$ 電荷所受的靜電力為零？ (A)$3a$ (B)$7a$ (C)$11a$ (D)$13a$ (E)$15a$ 【出處：95 學測】

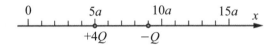

【解答】D

【分析】由原圖判斷，此 $+Q$ 電荷應置於 $9a$ 位置的右側。

$$\frac{k(4Q)Q}{(x-5a)2} = \frac{k(Q)Q}{(x-9a)2} \text{，得} \frac{x-5a}{x-9a} = \frac{2}{1} \text{，} x = 13a$$

題型切入觀點

庫侖定律的內容：在理想狀態（真空狀態）兩個點電荷之間的相互作用力的大小與兩個點電荷電量乘積成正比，與兩點電荷的距離平方成反比。而多個點電荷之間的合力，可以用向量的方式去解。

比較：庫侖靜電力有引力與斥力兩種情況，而萬有引力只有引力作用，卻沒有斥力作用。

兩個點電荷間的斥力原為 F。若其中一個點電荷的電量，增加為原來的兩倍，且兩個點電荷間的距離，也增加為原來的兩倍，則其斥力為何？
(A)$4F$　(B)$2F$　(C)F　(D)$F/2$　(E)$F/4$　　　　【出處：90 甄試】

【解答】D

【分析】$F = \dfrac{kQq}{r^2}$，故 F 變為 $\dfrac{2}{(2)^2} = \dfrac{1}{2}$ 倍。

題型切入觀點

利用基本式子，求其倍數之關係

其中一個電量變為原來兩倍，故電量乘積為原來兩倍；距離增加為原來的兩倍，故距離平方為原來 4 倍。

🧑‍🔬 科學家小傳——庫侖

查里·奧古斯丁·庫侖（Charles Augustinde Coulomb）在 1736 年出生於法國南部昂古列姆城的一個富裕的家庭。他幼年在巴黎讀書。長大後，他仍留在巴黎研究數學和自然科學。及後他更投筆從戎，擔任技術軍官。庫侖在馬提尼克監督建造防禦工程達九年之久。在這段日子裡，他已開始研究工程力學和靜力學的問題。

除了科學研究外，庫侖還從事社會服務，他在法國教育部擔任重要職務，並擔任水利資源部總監。後來由於高層官僚對他生惡，才停止了他所有社會活動。1789 年法國大革命爆發，他隱居了好幾年，完全投身於科學研究。

庫侖的一系列著作豐富了電學與磁學研究的測量方法，並將牛頓力學的原理擴展到電學與磁學。他的扭秤被用於精密的測量及其他物理學的實驗。拿破侖掌權之後，又恢復了他所有的公職，他擔任這些職務直至 1806 年卒於巴黎。

三、歐姆定律

1. 電流：單位時間內通過導線某一截面的電量。即 $I = \dfrac{q}{t}$。

   (1)平均電流與瞬時電流。

   (2)單位：C/s

   (3)單位換算：1 毫安培（mA）$= 10^{-3}$ 安培(A)。

2. 電壓：單位電量通過時所消耗（獲得）的電能。

   即 $V = \dfrac{\varepsilon}{Q}$。

3. 電阻：

   (1)歐姆定律：定溫下，金屬導線中流過電流 I 與兩端電壓 V 成正比。

   即 $R = \dfrac{v}{I}$。

   (2)影響電阻的因素：隨導線的粗細、長短、材質而定。

   (3)並聯：$R_{總} = R_1 + R_2 + R_3 \cdots\cdots$

   (4)串聯：$\dfrac{1}{R_{總}} = \dfrac{1}{R_1} + \dfrac{1}{R_2} + \dfrac{1}{R_3} \cdots\cdots$

竹炭能讓電流通過進而讓 LED 發光（攝於宜蘭羅東林業園區，生態竹屋）

範例

曉明利用電壓為 42 伏特的電源，串接了 20 歐姆的電阻。將電阻與 180 公克的固態待測物質放在絕熱容器中加熱，待測物的溫度隨時間變化如附圖所示。設加熱過程中系統均處於熱平衡狀態，且電阻變化極小可以忽略。依據上文，回答(1)-(2)題。　　　　　　　　　　　【出處：97 學測】

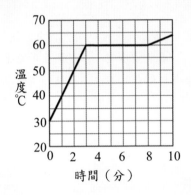

(1)加熱時的電流為幾安培？　(A)2.1　(B)4.2　(C)20　(D)42　(E)840

(2)待測物質的熔化熱為多少卡／公克？　(A)840　(B)35　(C)20　(D)10　(E)4.2

【解答】(1) A；(2) B

【分析】(1)由歐姆定律 $V = I \cdot R$，$42 = I \cdot (20)$，$I = 2.1$(A)

　　　　(2)由題圖可看出物質熔化過程共花 5（分）= 300（秒），令物質熔化熱為 Q(cal/g)，$(180\text{g}) \cdot (Q\text{cal/g}) \cdot (4.2\text{J/cal}) = \dfrac{42\text{V}}{20\Omega} \cdot (300\text{s}) \cdot 42\text{V}$，可得 $Q = 35$。

題型切入觀點

　　解題須了解能量單位主要分成兩種：卡及焦耳，且兩者之間的關係為 1 卡約等於 4.2 焦耳。

　　物體在熔化的過程，有吸收熱量但溫度並沒有上升，主因是所吸收的熱

量轉換成物質的潛能，僅在於改變分子之間的距離，故溫度並未升高，此時每公克物質所吸收的熱量稱之為熔化熱，如水＝80 卡／克；若是在汽化的過程，則稱之為汽化熱，如水＝540 卡／克。

科學家小傳──法拉第

法拉第生於英國的約克夏。家境不好，所以沒有受過正規的教育。小時，到了一家兼營裝訂工廠的書店當小工。他在那家書店半工半自修自然科學。十九歲時去皇家研究所聽戴比的演講，由於機緣，開始當戴比的助手。1813 年，在拿破崙戰爭中，與戴比夫妻一起旅行歐洲各地，結識了不少科學家。

1824 年成為皇家協會會員。第二年昇為皇家研究所所長，一直到去世為止。初期的業績是在化學方面。有氣體的液化（氯、二氧化碳、氨）及苯的發現。後來埋頭研究並實驗電磁學。

1831 年 8 月 29 日，法拉第發現了「電磁感應」。他一直想把電、磁及電流統一起來。他認為既然電流會作用於磁，應該也有相反的作用才對。於是開始研究。開始時想找出由固定電流所產生的作用。他反覆做了好幾次徒勞無功的實驗。安培及弗列尼爾也有過同樣的經驗。當他正在做那些不會開花結實的實驗的某一天，他在鐵環上纏上兩組線圈，然後將一組線圈接上檢流計，將另一組線圈接上電池。正在這樣查看能不能獲得電流時，他發現當他把電線接上電池或拿開時的那些瞬間，檢流計的指針會擺動。他確認了第一組線圈的電流是固定電流時不會發生那種感應電流之後，再將實驗裝置換來換去反覆做實驗。結果得到，(1)在一組線圈流動的電流起了變化時，(2)使電流不停地在一組線圈流動，然後使二組線圈有相對運動時，(3)使一組線圈對著磁鐵運動時。皆會產生感應電流。

11 月，他在皇家協會發表這個發現時，使用磁力線的概念說明，「導線橫過磁力線時會產生電磁感應，反過來，若要產生電磁感應，需要使導線橫過磁力場」。他的磁力線這個概念就是今天我們所說的「磁場」。

他好像曾經被戴比夫人找過不少麻煩。可能是為了這個理由，他對結婚有相當深的偏見。不過後來愛上了朋友的妹妹莎拉，娶她共度幸福的後半生。他的為人非常謙虛，所以受到英國人普遍的愛戴。

四、電流熱效應

1. 電能：每電量經電池時獲得的電能。

   即 $E = qV = IVt$（t 為時間，單位為 s）

   $= I^2Rt$（適用時機為電路串聯）

   $= \dfrac{v^2}{R}t$。（適用時機為電路並聯）

2. 電功率：每單位時間所消耗的電能。

   即 $P = \dfrac{E}{t} = \dfrac{qV}{t} = IV$

   $= I^2R$（適用時機為電路串聯）

   $= \dfrac{v^2}{R}$。（適用時機為電路並聯）

想一想：為何電流能讓電燈發光發熱？

（攝於宜蘭羅東林業園區，生態竹屋）

一微波爐標示為 110V-900W，如要為此微波爐接一附有保險裝置的單獨插座，應選購電流值為若干安培的保險裝置，在使用此微波爐時較為安全？　(A)1　(B)5　(C)10　(D)50　　　　　【出處：96 學測】

【解答】C

【分析】由 $P=IV$ 可知 $900W=I$（110V），$I \fallingdotseq 8.2(A)$，保險絲的安全負載電流應略大於電器電流，故選(C)

題型切入觀點

　　台灣家庭用電器電壓多為 110 伏特，而冷氣則為 220 伏特，若按規格使用，各電器必須並聯使用，若同時在一延長線並聯許多電器時，則總電流會提高，甚至超過額定值的電流大小，則稱為超載。

　　短路和超載都會造成很大的電流，為了安全起見，在電路上應加裝保險裝置，當電流過大時，形成斷路。

一般家中電器保險裝置

電力輸送功率相同時，輸電電壓 V 愈高，電流 I 愈小，輸送電線耗電愈少。若輸送電線電阻為 R，則下列有關輸送電線本身所消耗之電功率 P 的計算式何者正確？　(A)$P=IV$　(B)$P=IR$　(C)$P=\dfrac{V^2}{R}$　(D)$P=I^2R$

【出處：94 學測】

【解答】D

【分析】發電廠送出功率 $P=IV$，故電壓上升，則送出電流變小，而導線所消耗的電功率 $P=I^2R$。（註：導線電阻約略不變）

題型切入觀點

　　變壓器輸出的功率是固定的，所以大幅度提高變壓器輸出電壓，便可大大降低輸出電流，因而能大量減少在長途傳輸過程中的電能損失。目前台灣電力公司的變電所，以電壓來區分，共有「超高壓變電所」、「一次變電所」、「配電變電所」、「二次變電所」四種。說明「配電變電所及二次變電所」：配電變電所及二次變電所是介於一次變電所與用戶間的一個變電站，它接受上游傳輸下來的 161000 伏特或 69000 伏特的電力，又再一次經過降壓後，成為 22000 伏特或 11000 伏特電壓的電力。而最後提供給住家的電壓為 220 伏特，是利用路旁的亭置式變壓器把高壓電變成住家用的低電壓。

五、家庭用電

1. 電力輸送

(1)直流電：電路中，電流朝同一方向流動；各式電池均為直流電源，供應的電壓均為定值。

(2)交流電：電路中，電流方向會來回轉變，反覆不停；目前台灣所使用交流電的頻率為 60 赫。

2. 供電方式

(1)供電電壓：供電變壓站會有三條線，兩條火線（活線）跟一條中性線；兩條火線電壓差分別為 +110 伏特跟 −110 伏特；火線跟中性線間電壓差為 110 伏特；兩條火線間電壓差為 220 伏特。

(2)插座插孔：110 伏特一般都為平行插座；220 伏特一般都為垂直插座。通常會有一個與眾不同的插孔（通常為圓柱狀）一般為接地線或接中性線。

家中常見 110V 的插座

220V 的插座

範例

附圖㈠及圖㈡為代表電流（ I ）和時間（ t ）的關係圖。下列關於此二圖的敘述，兩者皆正確的是何者？（應選2項）　【出處：99學測】

	圖㈠	圖㈡
(A)	可由家用插座測得	可由碳鋅電池測得
(B)	電流來自電子移動	電流來自質子振動
(C)	電流方向保持不變	電流方向隨時間來回變換
(D)	直流電	交流電
(E)	使燈泡閃爍	使燈泡發亮

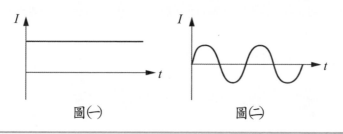

圖㈠　　　　　　　　　　圖㈡

【解答】CD

【分析】圖㈠為直流電，圖㈡為交流電；(A)錯誤，家用插座為交流電，碳鋅電池為直流電；(B)錯誤，電流均來自電子的移動；(C)正確，由圖可知；(D)正確；(E)錯誤，直流電會使燈泡發亮，交流電才會使燈泡閃爍。

題型切入觀點

　　家庭用電是屬於交流電，如上圖㈡，電流隨著時間變化，不論大小或方向均有改變，在台灣，交流電的頻率為60Hz；一般電池的電流則為直流電，且電流隨著使用時間，慢慢的下降。

　　家庭用電之所以會利用交流電的原因在於，交流電可以輕易的改變電壓，非常適合商業的需求。

國內一般都用三條電力輸送線供電給家庭用電戶，其中有一條是接地的中性線。下列有關此三條電力輸送線電壓的敘述，何者正確？ (A)中性線與其他任何一條輸電線間的電壓，有時為 +110 伏特，有時則為 −110 伏特 (B)中性線的電壓永遠低於其他兩條輸電線的電壓 (C)此三條輸電線相對於地球的電壓都是 110 伏特 (D)其中任何兩條輸電線之間的電壓都是 110 伏特 【出處：98 學測】

【解答】A

【分析】(B)中性線電壓未必低於其他兩條輸電線電壓；(C)三條輸電線相對於地球電壓不全是 110V，中性線一定為 0 伏特；(D)兩條火線間電壓為 220 伏特。

題型切入觀點

認識三條線：

火線：電力公司輸電至家庭用戶的電線，此線上的電壓會隨時間產生穩定的變化。

中性線：連接供電系統（發電廠）的接地線，可視為電流回流線路，對地沒有電位差。

地線：這是一條連接電器外殼與地面的導線，可將多餘的電荷導入地面，稱為接地線。

地線設立的目的，是為預防電器發生短路漏電時，可以使電流經由地線被引至地下消失，避免人體碰觸電器時發生觸電的意外。

六、磁場

1. 磁鐵

 (1)磁極（magnetic pole）：一磁針放在支架上，磁針會自由轉動，當靜止時，總是停在南北方向。指向北方那端，稱為（指）北極或N極；指向南方那端，稱為（指）南極或S極。N極跟S極總是成對存在，無論斷成幾段，每段都具有N極跟S極。兩個磁鐵靠近時，同極（N極對N極或S極對S極）會有排斥力；異極（N極對S極）會有吸引力。

 (2)磁力線：有磁力作用的空間，稱為磁場；磁場方向的作用假想線，稱為磁力線。

  ① 磁力線在磁鐵外部始於N極終於S極。

  ② 磁力線為封閉的曲線，兩兩不相交。

  ③ 磁力線越密集，磁場強度越強→磁極兩端磁力強度最強。

  ④ 兩磁鐵磁力線相連接代表互相吸引。

  ⑤ 羅盤磁針N極所指的方向極為磁場方向。

 (3)和靜電不一樣的地方，正電荷或負電荷可以單獨存在，但磁鐵N極與S極總是成對存在，即使將磁棒折斷，每一段都會各自產生新的N極或S極。

2. 地磁

 (1)地球周圍存在著一個磁場，稱為地磁；磁鐵會受地磁影響，磁針N極會指向北邊，稱為地磁北極。

 (2)因為地磁軸跟地球轉軸並不相同，因此地理北極跟地磁北極中間有小偏角，稱磁偏角（11.5°）

宋朝時的學者沈括在他所著的《夢溪筆談》中，記載著一段話：「以磁石磨針鋒，則能指南，然常微偏東，不全南也。」關於這段話所提供的訊息，下列敘述何者錯誤？ (A)地球磁極具有微小的偏角是因為地磁有緩慢自轉的現象 (B)中國人早就知道應用天然磁石製作成指南針，並藉它來辨別方向 (C)指南針之所以能指向南方，是因為地球表面有方向相當穩定的磁力線 (D)「微偏東，不全南」指出地球磁極相對於地理南北極具有微小的偏角 (E)根據地表的磁場可以想像地球為一個磁極與地理南北極很接近的磁性球體 【出處：99學測】

【解答】A

【分析】地球磁極具有微小的偏角是因為地理北極和地磁北極並不在一個位置。磁軸與極軸不是同一條，而是相交並夾 11°。

題型切入觀點

認識磁偏角與磁傾角：

磁偏角：在地表上，磁針 N 極所指的北方與地理北方的偏差角。

磁傾角：指南針與水平地面間的夾角。

人類常以一根巨大的棒狀磁鐵來模擬地磁。棒狀磁鐵的外部磁場是由 N 極到 S 極，但實際上，此棒狀磁鐵根本不存在。

海洋與人類的生活關係密切，
蘊藏豐富資源，並且影響氣候
與生態，也記錄了地球環境變
遷的資訊。探究海洋的方式有
許多種，除了實際採取海中樣
品之外，也可利用聲波偵測海
底起伏變化，還可以利用電磁
感應偵測海床磁性等。

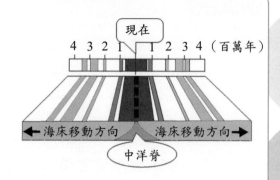

地底熱融岩自中洋脊處湧出，使得海床向兩邊緩慢移動。附圖為中洋脊兩
邊各約 100 公里範圍海床磁性與年代分布的示意圖（未顯示高低起伏），
上方的數字為距今年代（百萬年）。海床磁性也記錄了地球磁場隨年代的
變化，其中白色條紋代表與現在地磁方向相反，其他灰色條紋代表與現在
地磁方向相同。

假設地磁是由於地球內部流體產生的電流所造成，則距今 150 萬年前地球
內部總電流的方向最接近下列何者？　(A)與地球自轉相同　(B)與地球自
轉相反　(C)從南極向北極　(D)從北極向南極　　　　【出處：94 學測】

【解答】A

【分析】由圖可知 150 萬年前地球的磁場方向與現今相反，故當時的地磁 N
　　　　極在北，依安培右手定則：大姆指朝北（N 極朝北），則四指方向
　　　　（電流方向）為西向東轉，與地球自轉方向相同。

七、載流長直導線產生的磁場

 1. 厄斯特發現：在課堂上發現，將一條通有電流的導線，靠近可自由旋轉的磁針時，發現磁針會偏轉；若使電流反向磁針也反向偏轉。安培提出安培定律：通電流的長直導線，其周圍產生的磁場大小，與通以的電流大小成正比，與導線的距離成反比。

 2. 法國物理學家必歐與沙伐，建立帶電流的小段導線在附近所產生之磁場的數學公式。

 3. 載流直導線的磁場

  ⑴磁場大小：電流 I 在距離導線 r 處的磁場 B，其量值與 r 成反比，與 I 成正比。

  ⑵磁場方向：將右手的拇指張開，指示電流 I 之流向，則彎曲而握住導線的其他四指即指出磁場方向。

八、螺線管電流的磁場：將導線繞成 N 個圓圈的螺旋形，並使圓圈間的距離很小，這就很像 N 個圓形線圈疊在一起，稱為螺線管。

 1. 如果圈數夠密，螺線管夠長，管中的磁場將相當均勻，磁場方向與軸平行。磁場的大小與電流大小 I、單位長度的匝數 n 有關，其關係表為 $B \propto nI$。

 2. 除此之外，螺線管的磁場與螺線管中的物質有關，不同物質磁場強度不同，如果在螺線管內幹入軟鐵棒，可產生更強的磁場。

 3. 螺線管外的磁場：沿著管長方向的分量幾乎為零。

範 例

假設電子繞著原子核作圓周運動，如附圖所示。則下列有關此原子模型的敘述哪一項正確？　(A)圖中電子運動產生的電流為順時針方向　(B)原子核與電子帶同性電荷，提供電子運動所需之力　(C)圖中電子運動產生磁場的 N 極方向為射出紙面　(D)原子核與電子之間的作用力，類似於彈簧，相距愈遠，作用力愈強　　　　　　　　【出處：97 學測】

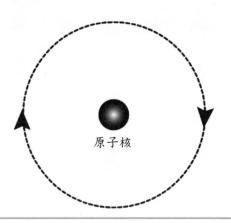

原子核

【解答】C

【分析】(A)電子運動方向為順時鐘，因電子帶負電，故所產生的電流方向為逆時鐘方向；(B)原子核帶正電、電子帶負電，原子核與電子帶異性電；(C)電子運動產生的電流為逆時鐘，由安培右手定則可得，所生的磁場為出紙面；(D)相距愈遠，原子核與電子間的庫侖愈小，與距離平方成反比。

題型切入觀點

　　電流的方向與電子流的方向相反，先確定好電流的方向，再利用右手定則決定磁場方向即可。

　　通有電流的圓形導線所產生的磁場：右手的四指環繞方向為電流方向，而拇指的指向則為磁場方向。

類題

如附圖所示，工程師考慮將線圈纏繞在活塞下端，利用與固定磁鐵之間的相對運動，帶動「抽送幫浦」中的活塞，抽送血液。圖中左活門只能向外自由開啟，反向則封閉管路；右活門只能向內自由開啟，反向則封閉管路。

下列有關此設計構想的敘述哪一項正確？　(A)血液由左活門吸入，右活門推出　(B)當甲電極為正，乙電極為負時，活塞向上運動　(C)當甲電極為正，乙電極為負時，幫浦將血液吸入　(D)當甲電極為負，乙電極為正時，幫浦內壓力降低　　　　　【出處：95學測】

【解答】C

【分析】右活門有如心房入口，左活門有如心室出口。(A)左活門向外推出、右活門向內吸入；(B)(C)甲接正極，線圈得逆時鐘電流，乙端為 S 極，被磁鐵吸引向下，活塞向下，幫浦內壓力降低，血液流入；(D)甲接負極則活塞向上，幫浦內壓力增加。

科學家名言

富蘭克林曾說：「我們在享受著他人的發明給我們帶來的巨大益處，我們也必須樂於用的發明去為他人服務。」

九、載流導線在磁場中所受的力

1. 載流導線在磁場中所受之磁力。

   ⑴所受之磁力大小 F 與磁場大小 B、流經導線電流 I、導線長度 及導線和磁場的夾角有關。

   ⑵磁力方向：可用右手開掌定則來決定。若以右手拇指代表電 流 I 的方向，平伸四指指向磁場 B 的方向，則導線所受磁力 F 的方向即為掌心推出的方向。

2. 運動電荷在磁場中所受的力

   ⑴靜止電荷在靜磁場中不受磁力作用。

   ⑵電荷以 v 速度通過磁場時，若速度 v 與磁場 B 平行，仍不受磁 力作用。實驗發現，必須要有垂直磁場的速度分量時，才會 受磁力作用。

   ⑶磁力方向：可用右手開掌定則來決定。

   ① 若以右手拇指代表正電荷移動的速度方向，平伸四指指向 磁場 B 的方向，則正電荷所受磁力 F 的方向即為掌心推出 的方向。

   ② 若以右手拇指代表負電荷移動的速度反方向，平伸四指指 向磁場 B 的方向，則負電荷所受磁力 F 的方向即為掌心推 出的方向。

範例

大衛表演一種魔術：一水平的直導線在他的指揮下可垂直升降，他是利用通有電流的直導線在磁場作用下而升降的。如電流的方向係由西向東，而欲使此直導線上升，則磁場的方向為何？ (A)由西向東 (B)由東向西 (C)由北向南 (D)由南向北 (E)由下向上 【出處：89學測】

【解答】D

【分析】利用安培右手開掌定則得知，磁場方向由南向北。

題型切入觀點

右手開掌定則來表示電流、磁場及受力方向的關係：將右手拇指指向電流方向，四指併攏指向磁場方向，則掌心外推方向就是導線所受磁力的方向。

當導線與磁場垂直時，所受磁力最大，隨著兩者角度變小，所受磁力也將變小。當導線與磁場方向平行時，則所受磁力為零。

至於所受力的方向，則永遠與電流方向及磁場方向共組的平面相互垂直。

古代羅盤（攝於台北市立天文館）

羅盤（攝於台北市立天文館）

類題

如附圖所示，一磁場均勻且方向垂直紙面向下，則帶負電的質點在此磁場中作等速率圓周運動時，其速度 v 與所受磁力 F 的關係為何？

【出處：87甄試】

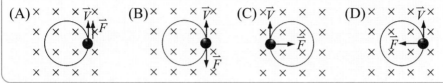

【解答】C

【分析】利用安培右手開掌定則得知，$\vec{v}$ 與 $\vec{F}$ 的正確關係圖

題型切入觀點

利用安培右手開掌定則，可得知受力方向；且此力是提供作向心力使用，即物體有一向心加速度。

向心力（造成向心加速度）乃改變速度的方向，而切線力（切線加速度）乃改變速度的大小

 科學家名言

愛迪生曾說：「發明是百分之一的靈感加上百分之九十九的血汗。」

十、法拉第的電磁感應與冷次定律

1. 電磁感應：線圈所在的磁力線數目有改變，才有感應電流。

2. 冷次定律

   (1) 線圈上出現的應電流在阻止通過線圈磁力線數目改變，由此可判斷應電流及磁場的方向。

   (2) 若通過線圈的磁力線數目增加，為了阻止磁力線增加，則由應電流所生之應磁場必與原磁場反向。

   (3) 若通過線圈的磁力線數目減少，為了阻止磁力線減少，則由應電流所生之應磁場必與原磁場同向。

   (4) 冷次定律為能量守恆定理的必然結果。

3. 應用在發電機。

十一、變壓器

變壓器的功能：利用法拉第定律，將交流電的電壓升高或降低的裝置，主要分成兩大類：升壓變壓器與降壓變壓器。

十二、馬克士威電磁理論：馬克士威用精確的數學語言歸納當時已知的電磁現象。這些基本的現象可簡略陳述如下：

1. 電荷會產生電場（即庫侖定律）。

2. 磁場的變化會產生電場（即法拉第感應定律）。

3. 單獨的磁極並不存在，即磁力線具有封閉的性質。

4. 電流會產生磁場（即安培定律），電場的變化也會產生磁場（馬克士威補充）。

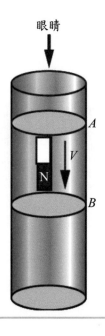

範 例

由長金屬管管口靜止釋放一 N 極向下鉛直放置的磁棒，如右圖。若金屬管之任一橫截面均可視為一封閉的金屬線圈，此時磁棒正遠離 A 線圈而接近 B 線圈，則下列敘述，哪些正確？（應選 2 項）　(A)磁棒於金屬管中下落較在管外下落慢　(B)磁棒於金屬管中的下落過程僅受重力　(C)由上向下看 A 線圈上之感應電流方向為順時針方向　(D)由上向下看 B 線圈上之感應電流方向為順時針方向　(E)磁棒與 A 線圈之磁力為斥力，與 B 線圈之磁力為引力

【出處：99 學測】

眼睛

A

V

N

B

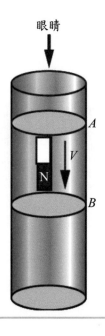

【解答】AC

【分析】(A)正確，因為在金屬管內會有感應電流的產生抵抗重力的力；
(B)錯誤，還受到感應電流產生的力；(C)正確，由冷次定律可知，
A 線圈為順時針；(D)錯誤，由冷次定律可知，B 線圈為逆時針；
(E)錯誤，A 線圈為引力，B 線圈為斥力。

　　法拉第磁力線：在一封閉線圈內的磁力線數目發生變化時，就會產生感應電流。

　　冷次定律：當線圈與磁鐵之間有相對運動時，感應電流的方向是使線圈所生的磁場阻止其相對運動。

　　故線圈中所生感應電流的方向，為了使其所生的磁場能夠反抗線圈中磁力線的變化，即遵守能量守恆。

 科學家名言

　　諾貝爾曾說：「傳播知識就是播種幸福。……科學研究的進展及日益擴大的領域將喚起我們的希望，而存在於人類身心上的細菌也將逐漸消失。」

下列關於附圖中變壓器各部分的敘述，何者正確？ (A)電源用於提供主線圈電流以產生磁場，可用交流電或直流電 (B)主線圈是磁場的主要來源，相同電流時，匝數愈多，造成磁場愈大 (C)磁場造成的磁力線，其方向固定不變，數目隨磁場強度而定 (D)副線圈的匝數增加時，輸出的電壓值下降 (E)用來纏繞線圈的鐵心，也可以用塑膠取代

【出處：99學測】

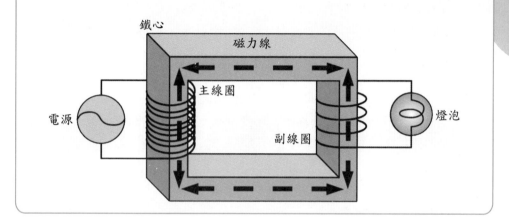

【解答】B

【分析】(A)電磁感應須用交流電；(C)因為是通交流電，所以磁場方向隨時間改變，亦即磁力線方向隨時間改變；(D)$\dfrac{v_1}{v_2} = \dfrac{n_1}{n_2}$，所以當 n_2 增加時，輸出電壓上升；(E)塑膠無法磁化，故不可用塑膠取代。

題型切入觀點

變壓器原理：

1. 利用電磁感應的原理，將交流電的電壓升高或降低的裝置

2. 輸入電壓 V_1 與輸出電壓 V_2 的大小之比，為主線圈的纏繞匝數 N_1 與副線圈纏繞匝數 N_2 之比，即 $V_1/V_2 = N_1/N_2$

3. 若副線圈的匝數較主線圈為多，則輸出電壓較輸入電壓為高，稱為升壓變壓器；反之，若副線圈的匝數較主線圈為少，則稱為降壓變壓器

4.理想的變壓器，不考慮熱損耗，輸入功率等於輸出功率

 ## 科學家小傳——馬克士威

　　力學的基礎由牛頓建立，同樣的，電磁學的基礎可以說是由馬克士威建立的。電磁學的基本在「馬克士威的方程式」。解開方程式才能進入電磁學的種種問題。由於此方程式先預知了電磁波的存在，然後才發現電磁波確實存在。

　　根據彈性體的想法，凱爾賓試圖用數學表達記述法拉第的磁力線(力線)這個概念。聽了凱爾賓的稱讚，馬克士威也讀了法拉第的「電的實驗研究」而開始研究。馬克士威的電磁學論文分為三次發表。在一八五五年的「關於法拉第的力線」，他提出由於流線類推，力線可以推展到靜電學、靜電感應及磁感應等。在後半部，他不再用類推，導出表示「封閉著的電流等於是薄薄一層磁殼。磁殼的強度由電流的強度決定，不依據電流回路的形狀」這個安培定理的公式。又用電張量關係(力矩位能)來表達法拉第的電磁感應法則。法拉第非常欣賞他的數學才華，寫信給馬克士威稱讚他。

　　在一八六一到一八六二年的「關於物理的力線」這篇論文中，他把磁力線視作一種「漩渦粒子」研究。同時也採用變位電流的想法。接著，由這些想法，產生了傳導於介質內的電磁波的概念。計算電磁波的速度，發現與光速幾乎一樣。馬克士威認為那不是偶然的一致，於是提出光也是電磁波的一種這樣大膽的結論。

　　在一八六四年的第三篇論文，他根據幾個基本實驗的事實寫下「馬克士威的方程式」。在論文中，他從前的「漩渦粒子」的想法已完全消失。可是他的方程式還有些問題，過於複雜，不容易被學界接受。後來由赫茲將馬克士威的方程式整理成簡明的四個方程式。一八八八年，方程式所預言的電磁波也由赫茲證實它的存在。

　　馬克士威雖然在世只有四十八年，但以分子論的「馬克士威-波茲曼分佈」、熱力學的「馬克士威的關係公式」，及「土星環的研究」等，馬克士威在理論物理學方面也留下出眾的成績。擔任卡文狄士研究所第一任所長的馬克士威去世的那一年，就是愛因斯坦出生之年。

主題八　近代物理

主題八　近代物理

一、物質組成

1. 湯木生在 1897 年測量了電子的電荷與質量的比值，因而體認到電子是一個帶有固定的負電荷與質量的基本粒子。拉塞福在 1911 年做 α 粒子散射實驗。

2. 拉塞福把帶正電的高速 α 粒子（人們後來才知道 α 粒子即是氦原子核）射入金箔，他意外發現有少數 α 粒子會以大角度反彈回來。

3. 如果金原子中帶正電的物質大致上是均勻地分布在金原子中，則所有的 α 粒子應該就像子彈穿過棉花般地射穿金箔，不可能反彈回來。因此，金原子中帶正電荷的物質應該全部集中在一個很小的區域內。

4. 如果 α 粒子能夠非常接近這個又重又帶正電荷的區域時，這些 α 粒子就會因靜電排斥力被彈射回來。

5. 所以拉塞福設想出一個類似太陽系的原子模型──原子中有一個很小的原子核，有正電荷以及原子絕大部分的質量，較輕的電子則似行星般地環繞原子核運行。

6. 查兌克在 1932 年發現 α 粒子撞擊鈹板後，會產生不帶電的粒子，稱為中子。

二、原子模型

1. 依據拉塞福原子模型，原子的結構就是電子繞著原子核在運動。

   (1) 最初人們假設電子的軌道和行星軌道類似，都是橢圓形（如果簡化些，可以只考慮圓形）。假如這是真實的狀況，則電子的能量就會和軌道大小有關，軌道半徑愈大，電子能量就愈大。

   (2) 由於古典物理對於電子軌道半徑並沒有任何限制，所以原則上，電子在氫原子中的能量可以是任意值。

   (3) 由於電子具有波動性，當電子繞行原子核進行週期運動時，

電子軌道的周長應為物質波波長的整數倍（即形成駐波）。

⑷電子只能在某些特定半徑的軌道上運轉。

⑸電子在原子中只可以帶有某些特定的能量，也就是說被束縛在原子核附近的電子，只能具有某些（離散的）特定能量，稱為能量量子化。

2. 拉塞福原子模型的缺點

⑴不能說明為何原子是穩定的。因電子繞原子核作加速度運動，依馬克士威電磁學說，帶電質點加速時會不斷輻射出電磁波，使電子迴轉半徑變小，最後電子落於原子核上，事實上並無此現象。

⑵不能說明為何特定元素的原子會產生特定的光譜。電子加速時所輻射出電磁波應為連續值，無法解釋不連續的光譜線。

3. 波耳原子模型

⑴波耳在提出能階的假設之後，進一步設想電子可以從能量較高的能階，跳躍至能量較低的能階，而放出特定能量的電磁輻射。

⑵電子從能量為 E_i 的軌道，躍遷到能量為 E_f 的軌道，放射出頻率為 f 的電磁輻射，f 可從能量守恆定律與 $E = hf$ 公式求得。

範 例

原子量為 1 的氫原子含有哪些基本粒子？ (A)電子、中子 (B)質子、中子 (C)質子、電子 (D)質子、中子、電子 【出處：94 學測】

【解答】C

【分析】氫原子序＝1、質量數＝1（原子量取整數）

　　　　質子數＝原子序＝1

　　　　中子數＝質量數－原子序＝1－1＝0

　　　　電子數＝原子序－氧化數＝1－0＝1

題型切入觀點

基本粒子包含

1. 夸克：上下夸克、魅奇夸克、頂底夸克

2. 輕子：電子、電子微中子、渺子、渺子微中子、濤子、濤子微中子

質子和中子都是由更小，更基本的夸克所組成，而夸克為目前所知最為基本的粒子，且夸克並不會在自然界中單獨存在。

甲、乙、丙、丁四種實驗,哪幾種實驗的結果組合後可以決定電子質量?
(甲)拉塞福的 α 粒子散射實驗;(乙)湯姆森的陰極射線實驗;(丙)
侖琴的 X 射線實驗;(丁)密立坎的油滴實驗。　(A)甲、乙、丙、丁
(B)甲、乙、丙　(C)乙、丁　(D)丁、丙　　　【出處:84 學測】

【解答】C

題型切入觀點

1. 拉塞福的原子模型
   ⑴原子的體積大約是原子核的 10^{12} 倍,但質量集中於原子核。
   ⑵原子核帶正電,核外的電子藉由庫侖靜電力所提供的向心力繞原子核運動
   ⑶整個原子維持電中性
2. 電子的電量
   ⑴密立坎的油滴實驗:由此實驗得知電子所帶的電量為基本電荷,符號為 e,且 $e = 1.6 \times 10^{-19}$ 庫侖
   ⑵電荷量子化:油滴的電量 Q 皆為基本電荷 e 的整數倍
   ⑶電子的質量:湯木森已測得電子的荷質比 e/m 比,再加上電子電量 e,經過計算得到電子的質量 $m = 9.1 \times 10^{-31}$ 公斤
3. 中子的發現
   ⑴查兌克從實驗證實中子的存在,是原子核物理的重大成就
   ⑵海森堡提出原子核是由質子與中子所構成的

三、核分裂

1. 鈾原子核分裂後的產物除了子核之外還有一些中子，大部分的情形是每一次分裂產生 2 個或 3 個中子，平均來說約有 2.5 個中子產生。

2. 分裂後的子核與中子的總質量比分裂前的母核及中子的總質量小，這些減少的質量大部分轉換成子核與中子的動能，小部分轉換成分裂時所產生的 γ 射線。一個鈾原子核的分裂可產生約 3.2×10^{-11} 焦耳的能量，這個能量比一般化學反應所產生的能量大很多。

3. 由於一個鈾原子被一個中子撞擊後會產生 2 到 3 個中子，這些中子可再撞擊其他的鈾原子，再次產生核分裂，這樣持續下去就形成核分裂的連鎖反應（chain reaction）。

4. 核能發電就是利用核分裂反應所產生的能量，將水加熱使其變成蒸氣，再推動汽輪機與發電機來發電。

   (1) 能量較低的熱中子（也稱慢中子）比較容易誘發核分裂，但核分裂時所產生的中子動能很大，所以我們必須想辦法讓中子的速度減緩下來變成熱中子去執行連鎖反應。

   (2) 讓中子去撞擊與它質量相當的粒子，這樣中子很容易將動能轉移給被撞的粒子。由於水中的氫原子核（質子）與中子質量相當，因此核能發電廠中常用的緩速劑就是水。

   (3) 控制中子產生的速度是很重要的

   ① 核分裂時，如果核燃料體積太小，產生的中子可能洩漏到核反應器外面，或被反應器中一些容易吸收中子的物品吸收，造成中子的數目太少，無法讓連鎖反應順利進行。

   ② 核分裂時如果核燃料體積過大，分裂時產生的中子數目太多，遠大於中子的漏失，則核分裂的連鎖反應快速進行，可能在短時間內產生太多的能量而燒毀反應器。

   ③ 中子產生的速率與中子漏失的速率大致相等是反應器能夠

穩定運轉的條件之一。

④ 維持中子數目平衡的方法之一，就是在核燃料中插入可吸收中子的鎘或硼所做成的控制棒。中子太多時就插入多一點的控制棒，中子太少時就拔出一些控制棒。

四、核熔合

1. 核熔合（nuclear fusion）所指的是幾個輕原子核聚合在一起，形成一個重原子核的過程。

2. 最後熔合而成的原子核之質量會比最初原子核的總質量小，會將質量轉換成能量。

3. 產生核熔合的三個條件

   (1) 1000 萬度以上的高溫：欲使兩個原子核非常接近，必須克服兩核間強大的庫侖斥力，故兩個原子核需要有足夠大的動能才行。在此高溫下，任何原子已形成原子核及自由電子的狀態，稱為離子體或電漿。因核熔合反應是在高溫下進行，所以亦稱為熱核反應。

   (2) 要有很大的粒子密度：增加粒子間交互作用的機率，促使核熔合反應的產生。

   (3) 要有足夠長的拘束時間：使高能量的粒子能被拘束在一起，有足夠長的時間，使他們能進行核熔合反應。

	α 射線	β 射線	γ 射線
本質	氦的原子核 He	電子	波長極短的電磁波
荷電	+2	−1	電中性
質量	$4u$	$(1/1840)u$	無靜止質量
速率	$c/10$	$9c/10$	c（光速）
游離氣體的能力	最強	次之	最弱
感光能力	最弱	次之	最強
穿透能力	在空氣中的穿透距離甚短，僅有約 5 公分的射程，一張紙即可阻隔。	在空氣中的穿透距離可達數公尺遠，需 5 毫米厚度的鋁板阻隔。	在空氣中的穿透距離超過 100 公尺，25 毫米鉛板可使強度減半。

輻射劑量 （mSv）	對人體的影響
0～500	沒有顯著的效應。
500～1000	輕微的血液異常。
1000～2000	5～50%的患者在 3 小時內嘔吐，普遍會有倦怠和失去胃口的現象，中度的血液異常，所有患者數週內均可復原。
2000～6000	2 小時以內嘔吐，嚴重血液異常以及出血、感染，2 週後脫髮。約 20～100%在 1 個月至 1 年間復原。
6000～10000	1 小時以內嘔吐，嚴重血液異常，出血、感染及脫髮，80～100%的患者在 2 個月內死亡，生存者需要很長時間才能復原。

科學家小傳——拉塞福

拉塞福是紐西蘭出身的英國物理學家，是 J.J·湯木生的學生。

年輕時跟湯木生共同研究過由 X 光引起的氣體的電離現象。其後根據不同的透過效能，將放射能分為阿爾法射線及貝他射線。1903 年，他和蘇提共同發表放射性元素放出放射能之後會變成別種元素的「原子衰變學說」。1906 年，他查出阿爾法粒子的電荷質量比只有氫原子的一半，同時推測阿爾法粒子可能就是氦的原子核，也觀測到阿爾法射線產生的散亂現象。1908 年，他量出阿爾法粒子的電荷剛好是氫離子的一倍而證明他的推測沒有錯。接下來，將許多阿爾法粒子集在一起，利用放電調查其光譜而確認確是氦的原子核。

1910 年，湯木生發表他的複合散亂理論，說明高速荷電粒子的各種轉向情形。據他的理論，粒子的轉向幅度是為了相撞次數多才會那麼大。可是蓋草和馬斯鈕的實驗顯示只一次的相撞也會轉向九十度以上。1911 年，拉塞福為了說明為什麼只一次的相撞就會產生那麼大的轉向，提出原子中心可能有 3×10^{-12} cm 以下的中心電荷這種假說。同時也表示中心電荷應該是氫原子的電荷的原子序的倍數。1913 年，他的學生波耳發表「量子論」，證明拉塞福的想法。

氪與鉛的核融合反應過程為：

(1)高能的 $^{86}_{36}$Kr 離子轟擊 $^{208}_{82}$Pb 靶，氪核與鉛核融合，放出 1 個中子，形成新元素 X

(2) 120 微秒後，X 元素的原子核分裂出 1 個氦原子核，而衰變成另一種新元素 Y

(3) 600 微秒後又再釋放出一個氦原子核，形成另一種新元素 Z

下列有關此核融合反應的敘述，何者錯誤？　(A)氪核與鉛核融合產生 X 之核反應為 $^{86}_{36}$Kr $+ ^{208}_{82}$Pb $\rightarrow ^{1}_{0}n + ^{293}_{118}X$　(B)$X \rightarrow Y$ 之核反應式為 $^{293}_{118}X \rightarrow ^{4}_{2}$He $+$ $^{289}_{116}X$　(C)$Y \rightarrow Z$ 之核反應式為 $^{289}_{116}X \rightarrow ^{4}_{2}$He $+ ^{285}_{114}Z$　(D)元素 Z 原子核之中子數為 171　(E)元素 Y 原子核之中子數為 116　　【出處：99 學測】

【解答】E

【分析】X 為 $^{293}_{118}X$ 有 118 個質子 175 個中子，Y 為 $^{289}_{116}Y$ 有 116 個質子 173 個中子，Z 為 $^{285}_{114}Z$ 有 114 個質子 171 個中子，故 E 錯誤。

【題型切入觀點】

核衰變：一個不穩定的原子核，常會放出一些粒子後，成為另一種原子核，此過程稱為衰變，目的為了使原子核更加穩定

核能發電的爐心：以慢中子撞擊鈾 235，因慢中子才能被捕捉，撞擊後產生其它原子核及二至三個新的中子，故中子數愈來愈多，使得反應便會快速進行，形成連鎖反應（chainreaction）

當以 m_p 與 m_n 分別代表質子與中子的質量時，一個由 Z 個質子與 N 個中子組成的穩定原子核，其質量 M 與質量數 $A=Z+N$ 的關係，可表示為 $M=Zm_P+Nm_n-AE/c^2$（c 代表光速）。若 E 隨 A 的變化如附圖所示，則下列敘述，何者正確？ (A)穩定原子核的 Z 與 N 必須相等 (B)穩定原子核的質量，必小於其所含質子與中子的質量總和 (C)兩個 $^{56}_{26}$Fe 原子核熔合為一個原子核時，質量會減少而轉變成能量 (D)兩個 $^2_1$H 原子核熔合為一個原子核時，質量會減少而轉變成能量 【出處：92 學測】

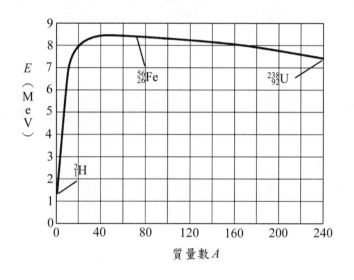

【解答】BD

【分析】(B)由 $M=Zm_P+Nm_n-AE/c^2$，可看出穩定原子核的質量 M 必小於所有質子與中子的質量總和（Zm_P+Nm_n）；(C)兩個 $^{56}_{26}$Fe 原子核熔合為一個原子核時，由圖上看出能量減少，表示總質量應增加；(D)兩個 $^2_1$H 原子核熔合為一個原子核時，由圖上看出能量增加，表示總質量應減少變為能量。

題型切入觀點

核能反應要遵守：

質量數守恆：質子數＋中子數總和不變

總電荷數守恆：正電荷數量與負電荷數量總和不變

質能守恆：質量的損失轉換成能量

科學新知——基本粒子

　　物質組成的最基本單位，稱為基本粒子。原子是由電子以及原子核所組成的，而原子核是由質子與中子所組成的，質子與中子又分別是由三個夸克（quark）以不同的方式組成（質子：兩個上夸克和一個下夸克；中子：一個上夸克和兩個下夸克）。其中電子與夸克是基本粒子，質子和中子則不是。除了電子與夸克之外，還有許多基本粒子，共同組成宇宙中所有已知的物質。

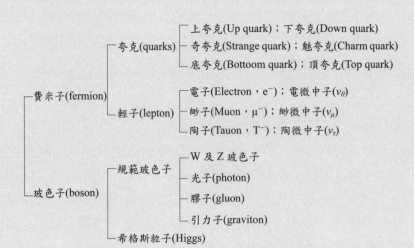

此資料參考於 http://highscope.ch.ntu.edu.tw/wordpress/? p=19087

高瞻自然科學教學資源平台

主題九　現代科技

主題九　現代科技

奈米的定義　$1\text{nm} = 10^{-9}\text{m}$

奈米材料特性　尺寸縮小至 100 奈米以下 $1\text{nm} = 10^{-9}\text{m}$

現代科技

奈米材料應用
- 出淤泥而不染
- 電子元件
- 奈米碳管
- 生物醫學

液晶科技　排列方式比固體差但比液體好

電漿科技　極高溫下，電中性氣體分解成等量正負離子的氣

共同優缺點
- 優點
  - 厚度小
  - 消耗電能大及價格昂貴
- 缺點

一、奈米科技

1. 奈米定義：奈米是長度單位，即 1 奈米 $= 10^{-9}$ 公尺。尺寸大小介於 1 至 100 奈米的材料，稱為「奈米材料」。

2. 奈米材料特性：材料尺寸縮小至 100 奈米以下，材料特性由表面原子呈現。故同種材料在不同尺度下，展現出完全不同的性質。

3. 奈米材料應用：

    (1) 蓮花或荷花：在蓮葉或荷葉上，布滿奈米大小的顆粒，使得體積相對龐大的水珠或塵土，無法黏著在葉面上。

    (2) 電子元件：奈米級的電子元件中，只要少數幾個電子，即可傳輸電流，消耗的能量變得很少。

    (3) 奈米碳管：結構與單層石墨類似，碳管特性決定於寬度與捲曲方向。本身具有很大的彈性強度，化學性質穩定，熱傳導能力極佳，能承受極端的溫度條件。可應用在緊密電路中將高熱量散布出來。

    (4) 生物醫學：利用一些奈米顆粒檢驗特定基因中DNA序列的感應技術。

範例

目前記憶體技術可達到的資料儲存密度最高為 10^8 byte/cm^2（1 byte＝1 位元組＝8 位元），但奈米科技極可能突破此上限。例如附圖所示的設計，鑽石表面上的氫與氟原子，可分別代表 0 與 1 位元，若奈米碳管探針頭的原子（如氮或硼），對氫與氟原子分別具有吸引與排斥作用力，則可據以區別 0 與 1 位元。下列與此奈米科技有關的敘述，何者正確？　(A)氫原子的直徑大約為 10 奈米　(B)奈米碳管探針頭的原子直徑愈大愈有利於區別 0 與 1 位元　(C)此奈米科技預期可使資料儲存密度提高到目前最高密度的數萬倍以上　(D)位於表面上代表 0 與 1 位元的兩種原子，其直徑愈大愈有利於提高資料儲存密度　　　　　【出處：98 學測】

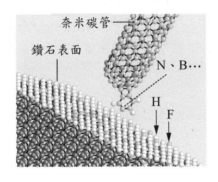

【解答】C

【分析】(A)氫原子的直徑大約為 0.1 奈米。(B)探針頭的原子直徑愈小愈有利於區別 0 與 1 位元。(D)0 與 1 位元的兩種原子，其直徑愈小愈有利於提高資料儲存密度。

題型切入要點

　　奈米技術已可以透過對物質極微細尺寸的操縱，技術上已經能直接移動原子。

　　蓮花效應是指荷葉表面的奈米結構，具有抗水防塵的自潔功能，才有出

淤泥而不染之稱號。

　　奈米物理所研究的尺度大小介於巨觀（macroscopic）及微觀（microsco-
pic）之間，稱之為介觀物理。

 ## 科學新知——奈米科技發展史

1959：美國物理學家理查德・費曼在美國物理學年會上以《物質底
　　　層有大量空間》為題演講，他預言：未來的人類，有可能
　　　「將單個原子作為建築構件，在最底層空間建造任何物質」
　　　這是奈米科技最早的創意。

1982：「掃描隧道顯微鏡」發明後，便誕生了「0.1 至 100 奈米」
　　　長度為研究分子的技術，即「奈米技術」。

1990：美國貝爾實驗室推出驚世傑作：「一個只有跳蚤般大小但五
　　　臟俱全的奈米機器人」，而奈米技術將會引發一場全新的
　　　「工業革命」。

1992：日本開始著手研製進入人體血管進行手術的「微型機械
　　　人」，奈米技術必將會引發一場全新的「醫學革命」。

1994：美國開始著手研製「麻雀衛星」、「蚊子導彈」、「蒼蠅飛
　　　機」、「螞蟻士兵」，奈米技術必將會引發一場全新的「軍
　　　事革命」。

2001：中國大陸將維生素E經「奈米改性」後，成功推出奈米保養
　　　護膚產品，奈米技術必將會引發一場全新的「美容革命」，
　　　利於大量使用，且更進一步將硒「奈米化」。

奈米科技是指在奈米（10^{-9} m）級尺度的物質或結構。科學研究指出，當材料或元件尺寸微小化到數個奈米的等級時，會產生前所未見的嶄新物理現象，並可發展出具突破性的產業應用。產生奈米物質物理特性的基礎原理，有奈米表面結構效應、表面積效應等。下列與「奈米科技」相關的敘述，哪些正確？　(A)蓮葉因葉面具有奈米結構，汙物或塵粒不易附著　(B)大塊材料製成奈米級尺度顆粒，其總表面積增加，有助於產生氧化等化學反應　(C)奈米金顆粒，其熔點比金塊高，且奈米金顆粒的顏色與金塊才不同　(D)所有材料奈米化之後，對生物體沒有毒害作用，可以放心作為生醫應用　(E)光學顯微鏡可以使用於觀察奈米大小的顆粒，並可操控粒子製造元件　【出處：98 學測預試】

【解答】AB

【分析】(C)奈米金融點比金塊材低，顏色與金塊材不同。(D)奈米化的材料對生物體可能有害，仍在實驗階段。(E)奈米顆粒須以電子顯微鏡觀察操控。

題型切入要點

　　奈米科技所涵蓋的領域有物理、化學、生物、材料學、電子學、、等等。目前各產業界也積極在開發奈米相關性的產品。

二、液晶、電漿科技

1. 液晶科技：分子排列秩序比液體好，但比固體差。應用上將液晶夾在鍍有透明電極的玻璃平板間，在兩玻璃板間施加電壓，利用電壓控制液晶分子排列方式，進而控制背光燈管所發出光的透射程度。利用這種原理設計的顯示器，稱為液晶顯示器（LCD）。

2. 電漿科技：在極高溫的狀態下，原本電中性的氣體原子會分解成等量正負離子對的氣體狀態，稱為電漿態。在真空的玻璃裝置中充入惰性氣體，前後兩玻璃板接上高壓電後使惰性氣體正負離子分離而產生電漿，這時會放出紫外光。當紫外光線照射到塗布在玻璃表面上的螢光粉時，可發出可見光。這樣設計的顯示器稱為電漿顯示器。

3. 共同優、缺點：同樣具有厚度小、平面屏幕與可掛壁使用的優點；但其耗電量大，所需的電壓高與價格較高的缺點。

 科學新知——電漿發展史

　　電漿顯示器自 1964 年美國伊利諾大學 Bitzer 和 Stottow 兩位教授研發成功，其所使用的放電發光氣體是氖氣，因此所顯現的色彩是單一的橙色。不過，初期的研究相當成功在 1972 年時單色 PDP 已經廣泛被應用在工業和第一代手提電腦之數字、文字顯示器。迄今已有三十餘年之久，惟製造技術直到近幾年才有所突破，以日本富士通及 NHK 為技術研發的領導廠商。因此，1979 年富士通公司發表了二電極面放電結構之 AC 型 PDP，成功的改善 PDP 在使用壽命與安定上的問題。接著又在 1984 年發表了三電極面放電結構、1988 年則再推出反射型結構，並將之彩色商品化。

範例

下列關於液晶彩色電視及電漿彩色電視比較的敘述，哪些是錯誤的？（應選 2 項） (A)兩者皆可接收來自空中電磁波的影像訊號　(B)兩者顯像過程皆需要外加電壓以建立電場　(C)兩者皆可顯示各種不同的色彩　(D)兩者皆是利用不同電場改變物質分子排列，造成各像素明暗差異　(E)兩者皆是利用電子撞擊螢光幕上紅、藍、綠三色的小點構成像素，來顯現色彩

【出處：101 學測】

【解答】DE

題型切入要點

　　液晶顯示器（Liquid Crystal Display）：兩片平行的玻璃平面中間放置液晶材料，可藉由外部的電壓控制，改變液晶分子所具有的光學特性，達到影像呈現的目的。

　　電漿顯示器：電漿顯示面板有很多發光細胞，當電極通電後，管中特殊氣體會發出紫外光，再被發光細胞上的螢光物質吸收然後發光。其最小單位是畫素，而每個畫素都有紅、綠、藍三個顏色。

　　兩者優缺點比較：

1. 液晶電視耗電量較省
2. 液晶電視較薄
3. 液晶面板壽命是電漿電視長
4. 液晶電視畫面很難做到全黑且反應速度上遠遠不及電漿電視

液態晶體（簡稱液晶）是奧地利植物學家 Friedrich Reinitzer 在西元 1888年最先發現的。他在觀察安息香酸膽固醇的熔解過程中，發現此化合物加熱至 145.5℃時，固體會熔化，並呈現一種介於固相和液相間之半熔融流動白濁狀液體。這種狀況會一直維持，直到溫度升高至 178.5℃時，才形成清澈液態狀。

液晶顯示器是將液晶置於兩片導電玻璃之間，施以電壓，導致液晶分子因受電場作用而排列，以遮蔽或控制光的透射，使影像畫素產生明暗作用。液晶顯示器因面板需要外加彩色濾光片，才能具有顯示彩色影像的功能。

電漿顯示器是將三個填入惰性氣體的氣室表面，分別塗上在紫外光照射下能輻射紅、藍、綠三種色光的螢光粉。每個氣室分別加電壓使電漿放電，輻射紫外光照射下打到不同顏色的螢光粉，再組合為一影像畫素，此為電漿顯示器的發光及顯示彩色影像的原理。

⑴關於液晶的敘述，何者<u>不正確</u>？　(A)液晶為一種物質的狀態，其分子排列性質介於固態與液態之間　(B)液晶顯示器可以顯示影像，是應用液晶分子會受電場作用而排列的特性　(C)液晶分子受電場作用，可當作電開關，使液晶顯示器畫素產生明暗作用　(D)液晶分子受電場作用，會產生光學色澤變化，可作彩色顯示器應用

⑵現代生活中每天都離不開電視及電腦顯示器，除了傳統的映像管螢幕外，液晶、電漿顯示器是目前的主流商品，下列關於這些顯示器的敘述哪些正確？　(A)三種顯示器都可以呈現彩色　(B)三種顯示器的工作原理，都需要外加電壓建立電場　(C)電漿顯示器是利用高溫的氣體游離態造成可見光偏振而顯像　(D)傳統映像管螢幕是利用液晶在不同電壓下會呈現不同的顏色而製成的　(E)液晶顯示器是利用電子激發紫外線照射螢幕內壁的液晶題塗料而發出色光　　　【出處：98 學測預試】

【解答】⑴ D；⑵ AB

【分析】⑴液晶分子受電場作用，會產生扭轉排列不同，需加彩色濾光片才可作彩色顯示器。

(2)(C)電漿放電，產生紫外光打到螢光粉而發光顯影。(D)傳統映像管是以電子打到螢光幕發光而顯像。(E)液晶利用不同電壓產生扭轉，而排列不同去控制明暗而顯像。

題型切入要點

德國物理學者利用偏光顯微鏡觀察安息酸膽石醇的混濁狀態，證實它是具有排列整齊的液體，即為液晶。

有些液晶的顏色隨壓力而改變，有些隨溫度而改變，有些隨外加電壓而改變其分子的排列方向，由這些特性，逐步應用在科學及醫學上。

 科學新知

液晶的歷史

1850 年，普魯士醫生魯道夫‧菲爾紹等人發現神經纖維的萃取物中含有一種不尋常的物質。1877 年，德國物理學家奧托‧雷曼運用偏光顯微鏡首次觀察到了液晶化的現象，但他對此現象的成因並不瞭解。

1883 年奧地利布拉格德國大學的植物生理學家弗里德里希‧萊尼澤藉由在植物內加熱苯甲酸膽固醇脂研究膽固醇，觀察到膽固醇苯甲酸酯在熱熔時的異常表現。該物質在 145.5℃時熔化，產生了帶有光彩的混濁物，溫度升到 178.5℃後，光彩消失，液體透明。此澄清液體稍微冷卻，混濁又復出現，瞬間呈現藍色。

萊尼澤反覆確定他的發現後，向德國物理學家奧托‧雷曼請教。當時雷曼建造了一座具有加熱功能的顯微鏡去探討液晶降溫結晶之過程，後來更加上了偏光鏡，成為深入研究萊尼澤化合物的重要儀器。從那時開始，雷曼的精力完全集中在該類物質。他開始以為這種物質是軟晶體，然後改稱晶態流體，最後深信偏振光性質為該物質特有，流動晶體的名字才算正確。此名稱與液晶已經十分相近。萊尼澤和雷曼因此被譽為液晶之父。

由嘉德曼和利區克合成的氧偶氮醚，也是被雷曼鑑定為屬於液晶的一種。之後由化學家丹尼爾‧福爾蘭德爾的努力聚集經驗使他能預測哪一類的化合物最可能呈現液晶特性，然後合成取得該等化合物質，該理論於是被證明。

主題十　宇宙學

主題十　宇宙學

一、宇宙的組成與結構

1. 宇宙發出的電磁波除了可見光波段（含部分近紅外光與紫外光波段）和無線電波段（含部分次毫米波段）之外，其由於大氣的強烈吸收，幾乎無法到達地面。所以在地面進行天文觀測可使用光學望遠鏡、無線電波望遠鏡，但紅外線望遠鏡、紫外線望遠鏡、X 光望遠鏡、γ 射線望遠鏡就必須利用氣球、火箭或人造衛星等載具移至大氣層的上方。

2. 測定天體的距離有很多種方法，每種測量的方法都有一定的適用範圍，其中最著名的方法為三角測量法。

3. 離太陽最近的恆星是位於半人馬座的比鄰星，約有 4.2 光年遠。平均而言，星系中恆星彼此間的距離約為 10 光年。

4. 在夜空中可以看到一條模糊的光帶，自古稱為銀河。

5. 1750 年，萊特猜測銀河是由許多恆星所組成的，這些恆星都位於一個扁平狀的區域裡。由於遙遠的星光都集中在這個區域，所以當我們朝那個區域看的時候，會看到模糊的光帶。

6. 經過仔細的觀測，天文學家發現銀河為一星系，外型呈現圓盤狀。據估計，這個圓盤的半徑約為 5 萬光年，中央較厚而邊緣較薄。

7. 太陽系也是銀河系的一分子，位於盤面較薄處，距銀河中心約 2 萬 8 千光年。

二、膨脹中的宇宙

1. 我們分析恆星的光譜，可以推論出組成恆星的元素。

2. 由於都卜勒效應，光譜線的位置會因恆星的運動而偏移：光源逼近時，頻率會變高，稱為藍移；遠離則頻率變低，稱為紅移。從偏移的程度，我們可以推算光源相對於我們的速度。

3. 二十世紀初，天文學家發現星系的光譜大多呈現紅移。也就是說，大部分的星系似乎正在遠離我們。

4. 1929 年，哈伯進一步發現，光譜紅移的程度與星系和我們的距離成正比，由於紅移的程度愈大代表光源離開我們的速率愈大，所以哈伯的發現意味著，距離我們愈遠的星系，飛離的速率就愈快。星系遠離地球的速率 v 與地球和星系的距離 r 成正比，其關係如下 $v = Hr$。其中 H 稱為哈伯常數，約為 22×10^{-6} 公里／秒·光年，此式稱為哈伯定律，在式中 r 用的單位為光年，v 用的單位為公里／秒。從上式中，我們知道，每多遠離（Δr）100 萬光年，星系後退的速率會增加（Δr）22 公里／秒左右。

5. 如果把宇宙想像成氣球的表面，上頭分布著星系。則當氣球膨脹時，每個星系都會發現其他星系正在遠離自己。而且愈遠的星系，遠離的速度愈快，就如哈伯定律所說的一樣。所以其他星系上的觀測者，同樣也會發現距離愈遠的星系，飛離的速率愈快。所以，銀河系在宇宙中的地位，並沒有比其他星系來得特別。

剛升起紅得像太陽的月亮（攝於宜蘭蘇澳豆腐岬）

附圖是一幅使用哈伯望遠鏡拍攝的影像，呈現甲、乙兩個星系與散布在圖面上的恆星。試根據附圖回答第(1)、(2)題：

(1)下列有關影像中的恆星與甲、乙兩星系的敘述，哪一選項是正確的？
　(A)恆星分別屬於甲或乙星系　(B)恆星與甲、乙兩星系都屬於我們銀河系　(C)甲、乙兩星系不屬於我們銀河系，而是與我們銀河系差不多的系統　(D)甲星系屬於我們銀河系，乙星系則不是

(2)下列有關地球與甲、乙兩星系遠近的敘述，哪一選項是正確的？
　(A)甲星系比較近，因為所有星系體積大小都差不多　(B)甲星系比較近，因為距離愈遠的星系，我們觀測到的體積愈小　(C)乙星系比較近，因為距離愈遠的星系，我們觀測到的體積愈小　(D)無法由圖得知，須由其他方法才能判斷星系的距離　【出處：93學測】

【解答】(1) C；(2) D

【分析】(1)銀河系在宇宙組織系統中，是屬於一個星系。(2)在照片中甲星系看起來比乙星系大，這可能是甲星系比乙星系大或者是甲星系距地球比乙星系近所造成。

【題型切入觀點】

　　宇宙膨脹學說：哈伯定律發現宇宙就像是一個吹氣中的氣球在膨脹
　　霹靂說：認為宇宙在時間上往回追，必定會在過去的某一時刻宇宙所有物質都集中在一起，經歷大爆炸而膨脹，此宇宙形成理論稱為 big bangtheory

膨脹的冷卻效應：宇宙在 140 億年前爆炸，因為膨脹會使溫度降低，所以宇宙溫度漸下降中，目前平均溫度約 3K，稱為宇宙微波背景輻射（comic microwave background radiation）

 ## 科學新知——天文望遠鏡介紹

　　天文學研究的多是極遙遠的星體。當星光傳播到達地球時，光線已經微弱到幾乎看不見，天文學家則需要靠望遠鏡把微弱的光增強，進而發掘出天體的秘密。天文望遠鏡主要是集中光線與提高解析率。一般來說，望遠鏡可分為以下三大類：

1.折射式望遠鏡

　　遙遠的星光從折射式望遠鏡最前端的凸透鏡進入，把光線聚焦在焦點上，然後在焦點後面放個目鏡，把物體的像放大。這就是最基本的折射式望遠鏡構造。

2.反射式望遠鏡

　　反射望遠鏡是利用一塊表面鍍鋁或鍍銀的凹面鏡聚焦於物鏡焦點，然後在物鏡焦點前用另一塊凸面鏡或平面鏡將影像反射出鏡筒外，目鏡再把影像放大。常見的有牛頓式（Newtonianfocus）及蓋塞格林式（Cassegrainfocus）二種。

3.折反射式望遠鏡

　　折反射式望遠鏡是由改正透鏡和反射鏡組合而成的望遠鏡。折反射式望遠鏡利用改正鏡修正像差，這類望遠鏡的相對口徑和視場都很大，可用來做大視野巡天觀測或觀測大面積天體。一般常見的有兩種型式，一類是施密特蓋塞格林式，另一類是馬克蘇托夫式。

　　而現代使用的大型望遠鏡大多是反射望遠鏡和折反射式望遠鏡。

類題

以距離地球 600 公里高空環繞地球的哈伯望遠鏡進行太空觀測,下列哪一項敘述<u>錯誤</u>? (A)因不停的環繞地球,故可以持續進行觀測 (B)在太空中,可以紫外線波段進行天文觀測 (C)能降低大氣擾動影響或散射光所造成的干擾 (D)可獲得遠比地面上觀測較清晰的影像

【出處:85 甄試】

【解答】A

【分析】哈伯望遠鏡距離地球僅 600 公里高,且不停的環繞地球,故繞行的某段時間,必定受地球的遮蔽而無法持續觀察。

題型切入觀點

美國天文學家哈伯發現光譜不但均有紅移現象,且恆星皆遠離地球而去,其遠離的速度和與地球的距離成正比。

數學式的表示法:$V = H_0 \times d$

其中 H_0 稱為哈伯常數(Hubble constant)

科學家名言

哈伯曾說:「人類備有了五種感官,開始探索四周浩瀚的宇宙,並且稱這趟冒險之旅『科學』。」

科學家小傳——哈伯

　　哈伯在芝加哥出生，父親是一位優修的工程師。在芝加哥的技術學校讀書的同時，培爾與父親一起，在屋內建立實驗室，用望遠鏡及分光器天天觀測夜空。那個時候，他已經對太陽有了很大的關心。

　　在麻省工科大學讀了物理學之後，一八九二年，哈伯到芝加哥大學任助教。他說服了被稱為牽引基大王的耶基斯，出資建造四十英寸的折射式望遠鏡。一八九七年，他就任新建造的耶基斯天文台台長。當時，大部分的天文學家的注意力都集中於星星的位置及運動。只有他關心太陽及恆星的物理性質。因此耶基斯天文台成為具有望遠鏡、大分光器及照相設備等的巨大物理實驗所。他召集了不少人材，刻意研究太陽的黑點。

　　一九〇四年，卡內基基金會同意捐款讓哈伯在加州威爾遜山建造太陽觀測所。他離開芝加哥和耶基斯天文台，就任新天台的台長。頭一部望遠鏡是從耶基斯天文台般過來的斯諾望遠鏡。把那些笨重的器材搬上未開發的 1700 公尺山上是一項大工程。當時的搬運工作，今天成為一個傳說。哈伯和他的共同研究人員發現太陽黑點的溫度比其周圍低。一九〇八年，他再建造一部觀測太陽的塔型望遠鏡。用這部望遠鏡，哈伯他們發現了非常重要的事實，太陽黑點有磁場。同年，他又增建一部六十英寸的反射望遠鏡。六十英寸望遠鏡的成功驅使他往一百英寸大望遠鏡的建造邁進。終於在一九一七年，用卡內基的基金達成願望。這部大望遠鏡充分發揮了用處，使人類能看到更遙遠的宇宙深處。哈布爾就是用這部大望遠鏡發現宇宙正在膨脹的。

　　哈伯不只是大家公認的建造大望遠鏡的龍頭，也是建立以集團去研究這種方法的首創者。不但在國內，他也為了建立科學的國際性協力研究盡了最大的努力。

　　一九二八年，他又開始全心貫注於 200 英吋大望遠鏡的建造。這座大望遠鏡到了他去世十年後才完成，安裝於巴羅馬天文台。今天，將巴羅馬和威爾遜兩天文台合在一起稱為哈伯天文台。

模擬試題

升大學學科能力測驗模擬試題

一、單選題

( ) 1. 如附圖所示,汽車在圓形軌道上作等速率行進。則汽車合力的方向為
(A)A (B)B (C)C (D)D

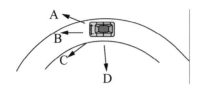

( ) 2. 將水倒入空瓶內,對於所發出之聲音,下列敘述何者正確? (A)所發出之聲音為瓶內空氣柱的振動造成 (B)愈滿時聲音愈低 (C)聲音愈傳愈快 (D)聲音只是變大聲,無其他改變

( ) 3. 取燒瓶一個,裝上附有水柱的細玻璃管的橡皮塞,如附圖,當將燒瓶放入 0℃的冰水中,水柱位置畫一直線定為 0,現依放入不同的溫度中得其數據如附表。利用此裝置,當放入某液體中,其水柱與直線的距離為 12cm,則該液體的溫度為 (A)42 (B)44 (C)46 (D)48 (E)50 ℃

溫度(℃)	20	40	60	80
與 O 點的距離(cm)	5	10	15	20

有色水柱

( ) 4. 有兩質點,質量分別為 m_1 和 m_2,動能為 E_1 和 E_2,動量大小為 p_1 和 p_2。若動量大小相等 $p_1 = p_2$,又 $m_1 > m_2$,則下列關係中正確的是哪一個?
(A)$m_1E_1 > m_2E_2$ (B)$m_1E_1 = m_2E_2$ (C)$m_1E_1 < m_2E_2$ (D)$m_1E_2 = m_2E_1$

( ) 5. 下列有關密度的敘述,何者正確? (A)不同的純物質可以有相同的密度 (B)密度愈大的物體,體積一定愈小 (C)密度是質量與體積平方的比值 (D)等重但體積不同的物體,其密度不同

( ) 6. 鉛直上拋一物體質量 1kg、初速 10m/s,當它掉回原處時速率為 8m/s,則摩擦力作功多少? (A)18 (B)−18 (C)32 (D)−32 (E)−20 J

(　　) 7. 有關聲音的敘述，下列何者錯誤？　(A)粗細相同的兩琴弦，弦長越短音調越高　(B)管樂器中，空氣柱越長則音調越低　(C)發音體的頻率增大時，聲速亦隨著增大　(D)超聲波的頻率高於一般聲音

(　　) 8. 一物體質量為 m，其原來之動能為 T，由於受外力之作用，其速率增加了 Δv；則外力對此物體所作功為　(A)$(2mT)^{1/2}\Delta v + \dfrac{m(\Delta v)^2}{2}$　(B)$\dfrac{m(\Delta v)^2}{2}$　(C)$(2mT)^{1/2}\Delta v$　(D)$T + \dfrac{m(\Delta v)^2}{2}$

(　　) 9. 下列有關「微粒說」與「波動說」的敘述，何者錯誤？　(A)光的「微粒說」由牛頓提出，光的「波動說」由惠更斯提出　(B)光的「微粒說」可以解釋光的直進、反射與折射的現象　(C)光的「波動說」可以解釋光的直進、反射與折射的現象　(D)光的「微粒說」可以解釋光在水中的速率較空氣中慢　(E)光的「波動說」可以解釋雙狹縫實驗的亮暗條紋

(　　) 10.不考慮空氣阻力，某物在水平地面上以初動能 E_k，作拋射仰角 53° 的斜拋，當物體的運動方向與水平成 37° 時之動能為若干？　(A)$\dfrac{1}{2}E_k$　(B)$\dfrac{1}{3}E_k$　(C)$\dfrac{1}{4}E_k$　(D)$\dfrac{1}{\sqrt{2}}E_k$　(E)$\dfrac{9}{16}E_k$

(　　) 11.兩物體作彈性碰撞時，若互相排斥，則系統總動能　(A)先增後減　(B)保持不變　(C)先減後增　(D)一直遞減　(E)一直遞增

(　　) 12.將金屬塊 A 加熱到 120℃ 後，投入 15℃ 的一盆水 B 中，則 B 的末溫為 20℃。今將 A 在待測高溫爐中加熱到與爐同溫，取出 A 再投入溫度為 15℃ 的 B 中，最後 B 的溫度是 60℃，則高溫爐的溫度應該最接近下列何者？　(A)560　(B)660　(C)760　(D)860　(E)960 　℃

(　　) 13.一金屬線在 0℃ 時其長為 60 公分，以之彎成一圓圈，留一空隙為 1.0 公分；此圈之溫度經均勻增高 100℃ 後，此時空隙之距離為 1.002 公分，則此線之膨脹係數為若干℃$^{-1}$？　(A)2×10^{-5}　(B)120×10^{-5}　(C)$(2/60) \times 10^{-5}$　(D)6×10^{-5}　(E)以上皆非

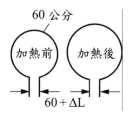

60 公分
加熱前　加熱後
60＋ΔL

(　　) 14.兩端固定的弦，長 1m，以 1000Hz 的頻率振動時產生 4 個波腹，則在弦上的波速為　(A)2000m/s　(B)1000m/s　(C)667m/s　(D)500m/s　(E)333m/s

（　　）15.某物作自由落體，已知落下第 1 秒內的距離是落地前 1 秒內的 $\frac{1}{5}$，則某物著地共費時多少秒？　(A)2　(B)3　(C)4　(D)5

（　　）16.在奈米時代，溫度計也可奈米化。科學家發現：若將氧化鎵與石墨粉共熱，便可製得直徑 75 奈米、長達 6 微米的「奈米碳管」，管柱內並填有金屬鎵。鎵（Ga，熔點 29.8℃、沸點 2403℃）與許多元素例如汞相似，在液態時體積會隨溫度變化而冷縮熱脹。奈水碳管內鎵的長度會隨溫度增高而呈線性成長。在 300K 時，高約 2.5 微米，溫度若升高到 700K 時，高度則成長至 6.5 微米。當水在一大氣壓下沸騰時，上述「奈米溫度計」內鎵的高度會較接近下列哪一個數值（微米）？　(A)0.63　(B)1.9　(C)2.9　(D)3.2

（　　）17.一物體質量 5kg，受力作用於光滑水平面上作直線運動，其受力及位置的關係如附圖；則物體由原點受力移動至 x＝10m 時，此力作功為　(A)100　(B)50　(C)200　(D)150　(E)87.5　J

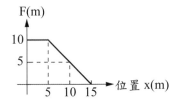

（　　）18.一在海面下潛航的潛艇，以 72 公里／小時的速度（對海底）往北航行，並發出 1000 赫頻率的聲納訊號。假設水中聲波速度為 1500 公尺／秒，不計潛艇與船艦之深度差，且水流向北每秒 4 公尺（對海底），試問一停在海上且位於潛艇北方的偵察艦所收到該潛艇的聲納訊號頻率為（答案取至整數位）　(A)1023 赫　(B)987 赫　(C)1014 赫　(D)1000 赫　(E)以上皆非

二、多選題

（　　）1. 下列哪些單位是國際單位系統的基本單位？　(A)燭光　(B)質量　(C)秒　(D)庫侖　(E)牛頓

（　　）2. 下列敘述，何者正確？　(A)繞地球作等速率圓周運動的太空站具有指向地心的加速度　(B)自由下落的電梯中物體均不受重力作用　(C)作等速度飛行的飛機所受合力必為零　(D)摩擦力必與物體運動方向相反　(E)地球與月球間的萬有引力大小相同、方向相反，因此可以互相抵消

（　　）3. 下列超聲波的敘述哪些正確？　(A)頻率在 20000 赫以上之聲波　(B)耳朵聽不見，因而響度為零之聲波　(C)耳朵聽不見，因而強度為零之聲波　(D)耳朵聽不見，因而不存在聲波

（　　）4. 一輕彈簧繫質點於光滑水平面上作水平振動，下列敘述何者正確？　(A)伸長彈簧或壓縮彈簧外力恆作正功　(B)此質點作簡諧運動 S.H.M.　(C)運動過程動量恆為定值　(D)運動過程力學能恆為定值　(E)運動過程重力位能恆為定值

（　　）5. 附圖是某甲以透鏡觀察方格紙的成像，像與紙皆在透鏡前，中央圓圈所呈現的是他由透鏡看到的方格紙，下列哪些選項為正確？　(A)他所使用的是凸透鏡　(B)鏡中所看到的像是正立虛像　(C)透鏡與方格紙的距離為小於透鏡的焦距　(D)欲使所見的像變大些，應將透鏡稍移離開方格紙

（　　）6. 某打點計時器 10 秒中可以打出 101 個點，其中第 20～22 點的紙條如附圖所示，已知此打點計時器記錄的是一個等加速度運動，請問下列何者正確？　(A)此打點計時器的頻率為 20Hz　(B)第 20～22 點間的平均速度為 44cm/s　(C)此等加速度運動的加速度為 20cm/s²　(D)第 21 點時的瞬時速度為 46cm/s　(E)第 20 點時的瞬時速度為 42cm/s

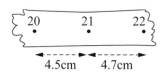

（　　）7. 某單頻光線經厚度相同的 A、B、C 三種透明介質所須時間比 $t_A : t_B : t_C$ ＝$2 : \frac{4}{3} : 1$，則　(A)在介質中，光速的比 $v_A : v_B : v_C = 2 : \frac{4}{3} : 1$　(B)折射率比 $n_A : n_B : n_C = 2 : \frac{4}{3} : 1$　(C)在介質中，光的頻率比 $f_A : f_B : f_C = 1 : 1 : 1$　(D)在介質中，光波波長的大小順序為 $\lambda_A > \lambda_B > \lambda_C$　(E)對 A、B 介質而言，A 介質為光疏介質

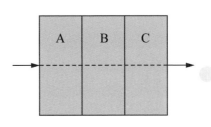

(　　) 8. 如附圖所示，A 球自圖示位置（擺角 37°）靜止釋放後，在最低點與靜止的 B 球作正向彈性碰撞，試問下列敘述的現象中哪些是正確的？　(A)若 $m_A = m_B$，則碰撞後 B 球之最大擺角為 37°　(B)若 $m_A = 2m_B$，則碰撞後 B 球之最大擺角大於 37°　(C)若 $m_A = \frac{m_B}{2}$，則碰撞後 B 球之最大擺角小於 37°　(D)若 $m_A = m_B$，則碰撞後 A 球的擺線張力等於零　(E)兩球在碰撞前後的總力學能守恆

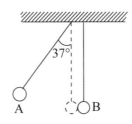

(　　) 9. 兩個帶異種電荷之小球，自遠處由靜止釋放，若<u>不考慮任何阻力</u>，因其互相吸引而接近，當其接近時　(A)動能漸增　(B)動能漸減　(C)位能漸增　(D)位能漸減　(E)動能與位能之總和為一定值

(　　) 10.核反應中，有哪些關係式是成立？　(A)電荷守恆　(B)質量守恆　(C)原子數守恆　(D)質量數守恆

三、綜合題

(　　) 1. 物體作直線運動，在最初 10 秒內的平均速度為 v，接下來的 20 秒內平均速度為 2v，此段時間內（30 秒）物體的平均速度為（答案以 v 表示）？
(A)$\frac{1}{2}$v　(B)$\frac{2}{3}$v　(C)$\frac{5}{3}$v　(D)$\frac{1}{4}$v

(　　) 2. 質量 0.10 公斤的鉛彈以 2.0×10^2 米／秒之初速打入靜止之 1.9 公斤鉛塊中，鉛塊仍不動，鉛之比熱 0.030 卡／克・℃，則鉛塊溫度約上升幾℃？
(A)1　(B)0.397　(C)0.8　(D)0.5

(　　) 3. 在水波槽中的深水區產生波長 2 公分的水波，以 10 公分／秒的速度進入

淺水區，結果波速變為 4 公分／秒，則波長變為多少公分？　(A)2　(B)0.5　(C)20　(D)0.8

（　　）4. 如附圖所示為一物體進行直線運動的速度（v）－時間（t）關係圖，全部歷時 60 秒，全程平均速度為 20 公尺／秒，則其前半程與後半程的平均速度比值為多少？　(A)$\frac{1}{2}$　(B)$\frac{3}{4}$　(C)$\frac{2}{3}$　(D)$\frac{7}{8}$

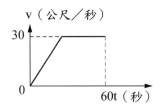

（　　）5. 施 6 牛頓的拉力於光滑水平面上的木塊（質量為 1 公斤），如附圖所示；當木塊移動的距離為 40 公尺時，則拉力作功多少焦耳？　(A)120　(B)150　(C)$120\sqrt{3}$　(D)$150\sqrt{3}$

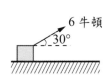

6. 在日照充足的地方，有些房子的屋頂裝置有太陽能熱水器，附圖所示為其側視圖。其主要構造有集熱器（圖中以虛線框起來的部分）和儲熱桶兩部分。陽光穿過集熱器的透明玻璃蓋，射至黑色的金屬吸熱板。吸熱板吸收了太陽輻射熱能，經由板上水管管路內的水，將熱傳輸至儲熱桶，加熱桶內的水。儲熱桶的熱水出水口，有水管接至屋內的水龍頭，打開水龍頭就可以用桶內的熱水。

（　　）⑴儲熱桶的熱水出水口高度，比屋內水龍頭約高多少公尺時，兩者的水壓差為 0.5 大氣壓？（1 大氣壓約等於 10 公尺水柱高）　(A)2　(B)5　(C)10　(D)15

（　　）⑵若此集熱器的吸熱板面積為 2 平方公尺，日照充足時，平均每 1 平方公尺接收到的太陽能為每秒 1000 焦耳，則此集熱器接收到的太陽能功率為多少千瓦？　(A)2　(B)4　(C)2000　(D)4000

（　　）⑶承上題，若此太陽能熱水器的效率為 60%，儲水桶的容量為 300 公升，則日照 2 小時可使桶中的水溫上升多少℃？（水的比熱為 4.2 千焦耳／千公克－℃）　(A)7　(B)15　(C)22　(D)30

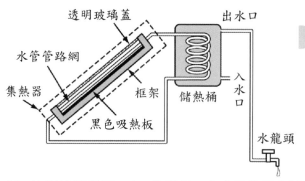

（　　）7. 設 $g=10\text{m/s}^2$，沈豪拉著質量 11kg 的箱子，在水平地面上以等加速度 2m/s^2前進。已知施力與地面夾 37°，地面與箱子之摩擦係數為 0.5。若自靜止開始前進 2 秒，請問沈豪對箱子作功為多少焦耳？　(A)200　(B)224　(C)300　(D)250

（　　）8. 邊長 1m 的立方木塊，密度 0.6g/cm^3，欲使其全部沒入水中，至少需作功多少焦耳？（$g=10\text{m/s}^2$）　(A)1000　(B)800　(C)500　(D)600

9. 某星球繞日運轉，軌道如附圖，其近日點和遠日點與太陽的距離比為 1：3。若太陽質量 M，星球質量 m，A 點距日 r，求：

（　　）⑴星球運行到 C 點時的速度為多少？　(A)$\dfrac{GM}{3r}$　(B)$\dfrac{GM}{r}$　(C)$\dfrac{GM}{6r}$　(D)$\dfrac{GM}{4r}$

（　　）⑵星球由 A 點運行到短軸 B 點，萬有引力所作的功為多少？　(A)$-\dfrac{GMm}{2r}$　(B)$-\dfrac{GMm}{r}$　(C)$-\dfrac{GMm}{3r}$　(D)$-\dfrac{GMm}{4r}$

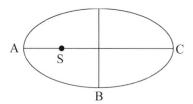

10.

（　　）⑴小提琴弦長 32 公分，發出 440 赫的聲音，則此弦的基音波長為何？　(A)48 公分　(B)64 公分　(C)54 公分

（　　）⑵承第 10 題，基音在空氣中的波長為何？（氣溫為 31℃）　(A)0.64 公尺　(B)0.72 公尺　(C)0.80 公尺

解 答

一、單選題

1. 答案：D

   解析：物體作等速率圓周運動，必有一個指向圓心的加速度；由牛頓第二運動定律可知，必有一個指向圓心的力來產生加速度，此力稱作向心力。由圖中可知為 D。

2. 答案：A

   解析：水倒入空瓶中，水震動瓶壁，瓶壁震動瓶內空氣。因此發出的聲音與瓶內空氣柱有關。而空氣柱僅能影響聲音頻率（音調），其餘聲速、響度皆不會改變。而空氣柱越短音調越高。

3. 答案：D

   解析：O 點為冰點位置。以自製溫度計而言，與 O 點距離和跟冰點溫度差的比為定值。

   設 x 為液體溫度 $\Rightarrow \dfrac{5}{20-0}=\dfrac{12}{x-0}\Rightarrow x=4B\Rightarrow$ 液體溫度為 $48°C$

4. 答案：B

   解析：動能定義：$E=\dfrac{1}{2}mv^2$；動量定義：$P=mv$

   $\Rightarrow m_1E_1=\dfrac{1}{2}m_1^2v_1^2=\dfrac{1}{2}P_1^2$；$m_2E_2=\dfrac{1}{2}m_2^2v_2^2=\dfrac{1}{2}P_2^2$

   $\because P_1=P_2 \quad \therefore \dfrac{1}{2}P_1^2=\dfrac{1}{2}P_2^2\Rightarrow m_1E_1=m_2E_2$

5. 答案：D

   解析：密度（D）$=\dfrac{質量（M）}{體積（V）}$

   $\Rightarrow$ 純物質具有固定的物性（密度、沸點、熔點……等）

   必須要在固定質量下，密度越大的物質，體積越小。

6. 答案：B

   解析：根據 $W=F\cdot d=E_2-E_2$，物體移動回原處代表位移 d＝0，意即作功為零。所以初狀態動能＝末狀態動能，意即初速度＝末速度。此題中，初速度不等於末速度，代表有外力作功，此力即為摩擦力。

1
8
3

模擬試題

$$W = E_2 - E_1 = \frac{1}{2}mv_2^2 - \frac{1}{2}mv_1^2 = -18J \ \circ$$

註：$W > 0$，此外力作正功；$W < 0$，此外力作負功。

7. 答案：C

解析：聲音音調要越高，震動物質必須越短、細、緊、薄。

聲速只受到溫度、介質種類、風、溼度的影響；超聲波是指頻率大於 20000Hz。

8. 答案：A

解析：$\because T = \frac{1}{2}mv_0^2 \Rightarrow v_0 = \left(\frac{2T}{m}\right)^{\frac{1}{2}}$

$W = E_f - E_i$（末狀態動能 － 初狀態動能）$= \frac{1}{2}mv^2 - T$

$\quad = \frac{1}{2}m(v_0 - \Delta v)^2 - T = \frac{1}{2}\left[\left(\frac{2T}{m}\right)^{\frac{1}{2}} + \Delta v\right]^2$

$\quad = (2mT)^{\frac{1}{2}}\Delta v + \frac{m\Delta v^2}{2}$

9. 答案：D

解析：微粒說預測光在水中的速率較空氣為快，與事實相反。

10. 答案：E

解析：$\because$ 斜拋運動時，水平運動不變；與水平夾 53° 時，水平速度為 $\frac{3}{5}v$

會等於與水平夾 37° 的水平速度，可以推算速度為

$\frac{3}{4}v \Rightarrow E = \frac{1}{2}mv^2 = E_K \Rightarrow E = \frac{1}{2}m\left(\frac{3}{4}v\right)^2 = \frac{1}{2}\frac{9}{16}mv^2 = \frac{9}{16}E_K$

11. 答案：C

解析：碰撞瞬間速度為零，動能為零；背對而行開始滾動，動能不為零，故動能先減後增。

12. 答案：E

解析：|吸熱熱量| = |放熱熱量| $\Rightarrow m_A \cdot S_A \cdot 100 = m_B \cdot 1 \cdot 5 \Rightarrow \frac{m_A \cdot S_A}{m_B}$

$\quad = \frac{1}{20}$

設金屬末溫為 x℃；

|吸熱熱量| = |放熱熱量| $\Rightarrow m_A \cdot S_A \cdot (x - 60) = m_B \cdot 1 \cdot 45 \Rightarrow \frac{m_A \cdot S_A}{m_B}$

$$= \frac{45}{x-60} = \frac{1}{20} \Rightarrow x = 960℃$$

13. 答案：A

解析：線膨脹係數 $= \frac{膨脹程度}{增加溫度} = \frac{1,002-1}{100} = 2 \times 10^{-5}$

14. 答案：D

解析：波長的定義為一個全波的長度；一個全波有兩個波腹，意即此波波長為 0.5 公尺。

波速（v）＝波長（λ）×頻率（f）＝ $0.5 \times 1000 = 500m/s$

15. 答案：B

解析：$S = V_0 t + \frac{1}{2}at^2 = 0 \times 1 + \frac{1}{2} \times 9.8 \times 1^2 = 4.9$（第一秒內位移）

設此自由落體花了 x 秒

$4.9 = \frac{1}{5}\left[\frac{1}{2} \times 9.8 \times x^2 - \frac{1}{2} \times 9.8 \times (x-1)^2\right] \Rightarrow x = 3(s)$

16. 答案：D

解析：$\frac{6.5-2.5}{700-300} = \frac{x-2.5}{373-300} \Rightarrow \frac{4}{400} = \frac{x-2.5}{73} \Rightarrow 400x - 2.5 \times 400$

$= 73 \times 4 \Rightarrow x = 3.23 \cong 3.2$

17. 答案：E

解析：$\because W = F \cdot S$，圖為 F−X 圖 $\therefore$ 可直接求圖下面積，即可得功 W。

$5 \times 10 + (5+10) \times 5 \div 2 = 50 + 37.5 = 87.5(J)$。

18. 答案：C

解析：此題為都卜勒效應中，聲源移動，聽者靜止。

$\because$ 聲源靠近聽者

$\therefore f' = f\frac{v}{v-v_s}$

f'：聽者頻率　f：聲援頻率　v：在介質中聲述　v_s：聲源速率

$\Rightarrow 72km/hr = 20m/s$；$f' = 1000\frac{1500}{1500-20} \cong 1014Hz$

二、多選題

1. 答案：ABC

解析：國際基本單位共有七個，我們稱這些基本單位叫做基本量。

共有：時間（秒，s）、長度（公尺，m）、質量（公斤，kg）、

溫度（克氏溫標，K）

2. 答案：AC

　解析：(A)物體作等速率圓周運動時，必有一個指向圓心的力。

　　　(B)任何物體在重力場均有受到重力作用。

　　　(C)根據牛頓第一運動定律，合力為零時，靜止者恆靜，動者恆作等速度運動。

　　　(D)摩擦力與施力方向相反，不一定與運動方向相反。

　　　(E)萬有引力是互為作用力與反作用力，同時出現，同時消失，無法抵銷。

3. 答案：AB

　解析：超聲波是指頻率大於 20000Hz 的聲波。

　　　∵人耳可聽到 20~20000Hz 的頻率∴人耳聽不見，亦即響度為零；但聲波強度並不為零。

4. 答案：ABDE

　解析：(A)彈力所作的功 $W = \frac{1}{2}kx^2 \Rightarrow$ 與伸長量平方成正比 $\Rightarrow$ 無論伸長或壓縮彈力功必為正值。

　　　(B)只要壓縮或拉長彈簧後放開，彈簧在原長處以相同時間重複進行運動。我們稱此運動為簡諧運動。

　　　(C)∵簡諧運動每處速度均不同∴動量均不同

　　　(D)∵運動過程中，動能與彈力位能進行能量轉換，因此此運動符合力學能守恆。

　　　(E)重力位能與垂直方向位移有關。此題為水平運動，所以重力位能為定值。

5. 答案：ABCD

　解析：如圖所示為一正立放大虛像，僅物置於凸透鏡之焦距內方能產生，故(A)(B)(C)均為正確選項。

　　　物在焦距內十，越接近透鏡，成像越小，故在焦距內須遠離透鏡使成像變大。(D)為正確。

6. 答案：CD

解析：$f = \dfrac{101}{10} = 10.1\left(\dfrac{1}{s}\right) \Rightarrow$ 每秒打 10.1 個點；

$T = \dfrac{10}{101} \cong 0.1(s) \Rightarrow$ 每點之間經過 0.1 秒。

$\overline{V} = \dfrac{\text{位移}}{\text{時間}} = \dfrac{(4.5 + 4.7)}{0.1 \times 2} = 46\dfrac{cm}{s}$

$V_{20 \sim 21} = \dfrac{4.5}{0.1} = 45 cm/s$ ；

$V_{21 \sim 22} = \dfrac{4.7}{0.1} = 47 cm/s \Rightarrow \overline{a} = \dfrac{\text{速度差}}{\text{時間}} = \dfrac{47 - 45}{0.1} = 20 cm/s^2$

$S_{20 \sim 21} = V_{20}t + \dfrac{1}{2}\overline{a}t^2 \Rightarrow 4.5 = V_{20} \times 0.1 + \dfrac{1}{2} \times 20 \times 0.1^2 \Rightarrow V_{20}$

$= 44 cm/s$

$S_{20 \sim 21} = V_{21}t + \dfrac{1}{2}\overline{a}t^2 \Rightarrow 4.5 = V_{21} \times 0.1 + \dfrac{1}{2} \times 20 \times 0.1^2 \Rightarrow V_{21}$

$= 46 cm/s$

7. 答案：BC

解析：(A)v 與 t 成反比 $\Rightarrow v_A : v_B : v_C = \dfrac{1}{2} : \dfrac{3}{4} : 1 = 2 : 3 : 4$

(B)v 與 n 成反比 $\Rightarrow n_A : n_B : n_C = 2 : \dfrac{4}{3} : 1$

(C)f 不變

(D)v 與 λ 成正比 $\Rightarrow \lambda_A : \lambda_B : \lambda_C = 2 : 3 : 4$

(E)光在疏介質速度快

8. 答案：ABCE

解析：A 擺至最低點，與 B 碰撞前的速度 v_A，由力學能守恆

$\dfrac{1}{2}m_A v_A{}^2 = m_A g\ell(1 - \cos 37°)$　$v_A = \sqrt{\dfrac{2}{5}g\ell}$

(A)若 $m_A = m_B$，則 A 和 B 碰撞後 $v_B{}' = v_A = \sqrt{\dfrac{2}{5}g\ell}$，由力學能守

恆 $\dfrac{1}{2}m_B v_B{}^2 = m_B \ell(1 - \cos\theta_B) \Rightarrow \theta_B = 37°$。

(B)若 $m_A = 2m_B$，則 A 和 B 碰撞後

$v_B{}' = \dfrac{2m_A}{m_A + m_B}v_A = \dfrac{4}{3}\sqrt{\dfrac{2}{5}g\ell} > \sqrt{\dfrac{2}{5}g\ell}$　B 上升的最大擺角 θ_B

$> 37°$。

(C)若 $m_A = \dfrac{1}{2}m_B$，則 A 和 B 碰撞後

$$v_B' = \frac{2m_A}{m_A + m_B}v_A = \frac{2}{3}\sqrt{\frac{2}{5}g\ell} < \sqrt{\frac{2}{5}g\ell} \quad \text{B上升的最大擺角}\theta_B < 37°。$$

(D)若 $m_A = m_B$，$v_A' = \dfrac{m_A - m_B}{m_A + m_B}v_A = 0$

A 不需向心力，$T - mg = 0 \Rightarrow T = mg$。

(E)兩球作彈性碰撞，力學能守恆。

9. 答案：ADE

解析：帶異性電的兩小球靜電力相吸，作正功，故電位能減少，動能增加，但因靜電力為保守力，故力學能守恆，即動能加位能保持一定。

10. 答案：AD

解析：核反應時質子數、電子數、質量數均守恆，僅微量虧損轉成能量。

三、非選題

1. 答案：C

解析：$\overline{V} = \dfrac{\text{位移}}{\text{時間}} = \dfrac{10 \times v + 20 \times 2v}{10 + 20} = \dfrac{50}{30}v = \dfrac{5}{3}v$

2. 答案：B

解析：$0.5 \times 0.1 \times 2002 = 2000 \times 0.03 \times \Delta T \times 4.2$

$\Delta T \cong 0.397$

3. 答案：D

解析：此題過程頻率固定；$v = f \times \lambda$

$\Rightarrow 10 = f \times 2 \Rightarrow f = 5Hz \Rightarrow 4 = 5 \times \lambda_\text{秒} \Rightarrow \lambda_\text{秒} = 0.8cm$

4. 答案：A

解析：設速度達 30m/s 需 t 秒，根據 v-t 圖中，底下面積為位移大小。

$t \times 30 \div 2 + 30 \times (60 - t) = 20 \times 60 \Rightarrow t = 40(s)$

$$\frac{\overline{V}_\text{前半程}}{\overline{V}_\text{後半程}} = \frac{\dfrac{600}{40 - 0}}{\dfrac{600}{60 - 40}} = \frac{1}{2}$$

5. 答案：C

解析：$\because$ 物體只作水平移動，代表只有水平拉力有作功

$\therefore 6 \times \cos 30° \times 40 = W = 120\sqrt{3}J$

6. 答案：(1) B；(2) A；(3) A

解析：(1) $1\text{atm} = \overline{1}0\text{m} \cdot H_2O \Rightarrow 0.5\text{atm} = 5\text{m} \cdot H_2O$

(2) 每 1 平方公尺接收 $1000\dfrac{J}{S} = 1000\text{W}$；2 平方公尺接收 $2000\text{W} = 2\text{kW}$

(3) $2\text{kJ/S} \times 2\text{hr} \times 60\text{min/hr} \times 60\text{s/min} \times 0.6 = 3001 \times 1\text{kg/l} \times 4.2\text{kJ/kg} \cdot ℃ \times \Delta T(℃) = 6.9 \cong 7℃$

7. 答案：B

解析：根據題意可知水平拉力為 $\dfrac{4}{5}F$，垂直拉力為 $\dfrac{3}{5}F$

$F_合 = m \times a \Rightarrow \dfrac{4}{5}F - 0.5 \times \left(110 - \dfrac{3}{5}F\right) = 11 \times 2 \Rightarrow F = 70(\text{N})$

$W = \dfrac{4}{5}F \times S = 56 \times 4 = 224(\text{J})$

8. 答案：B

解析：木塊體積為 1m^3，$\rho_水 = 0.6\dfrac{g}{\text{cm}^3} = 600\dfrac{\text{kg}}{\text{m}^3}$；$\rho_水 = 1\dfrac{g}{\text{cm}^3} = 1000\dfrac{\text{kg}}{\text{m}^3}$

可以知道沉入液面下木塊高為 0.6m，浮在液面上木塊高為 0.4m

讓木塊沉入液面下須逐漸施力 $400\text{kgw} = 4000\text{nt}$，並且下沉 0.4m

根據 F-S 圖（下圖）中，功為底下面積。

$W = 4000 \times 0.4 \div 2 = 800(\text{J})$

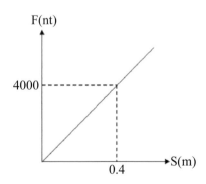

9. 答案：(1) C；(2) A

解析：(1) 根據力學能守恆

$\Rightarrow -\dfrac{GMm}{r} + \dfrac{1}{2}mV_A^2 = -\dfrac{GMm}{3r} + \dfrac{1}{2}mV_C^2$

且 $V_A = 3V_C$（克卜勒第三運動定律）

$$\Rightarrow V_C = \sqrt{\frac{GM}{6r}}$$

(2)萬有引力作功轉換成ΔE_K

$$-\frac{GMm}{r} + \frac{1}{2}mV_A^2 = -\frac{GMm}{2r} + \frac{1}{2}mV_B^2$$

$$\Rightarrow \Delta E_K = \frac{1}{2}mV_B^2 - \frac{1}{2}mV_A^2 = -\frac{GMm}{2r}$$

10.答案：(1) B；(2) C

解析：(1)$\lambda = \dfrac{u}{n}$（基音 $n=1$）$= \dfrac{2 \times 32}{1} = 64cm$

(2) $f = \dfrac{v}{\lambda} \Rightarrow 440 = \dfrac{349.6}{\lambda} \Rightarrow \lambda = 0.795m \cong 0.80m$

國家圖書館出版品預行編目資料

學測物理必考的 10 大主題／蘇仕, 王賢, 程明著.
-- 初版. -- 臺北市：文字復興, 2012.11
　面；　公分.
ISBN 978-957-11-6873-9 (平裝)
1.物理學　2.中等教育
524.36　　　　　　　　　　101019414

WB01　升大學 02

學測物理必考的 10 大主題

作　　者 － 蘇仕　王賢　程明

發 行 人 － 楊榮川

總 編 輯 － 王翠華

主　　編 － 王正華

責任編輯 － 楊景涵

封面設計 － 簡愷立

插　　畫 － 陳上鈺　陳上鈴

出 版 者 － 文字復興有限公司

地　　址：106 台北市大安區和平東路二段 339 號 4 樓

電　　話：(02)2705-5066　傳　　真：(02)2706-6100

網　　址：http://www.wunan.com.tw

電子郵件：wunan@wunan.com.tw

劃撥帳號：01068953

戶　　名：五南圖書出版股份有限公司

台中市駐區辦公室 ／ 台中市中區中山路 6 號

電　　話：(04)2223-0891　傳　　真：(04)2223-3549

高雄市駐區辦公室 ／ 高雄市新興區中山一路 290 號

電　　話：(07)2358-702　傳　　真：(07)2350-236

法律顧問　元貞聯合法律事務所　張澤平律師

出版日期　2012 年 11 月初版一刷

定　　價　新臺幣 320 元